厚黑學下的情緒操控與心理陷阱

假善良
真心機！

在人際迷霧中活得通透而不失本心

李宗吾 著　卓宥誠 改編

◆ 厚黑不是手段，而是一種悄悄滲透的操控邏輯 ◆
表面上再單純不過的關係，實際卻是更深層的人性算計！

目錄

序言
理性不冷血,溫柔不懦弱
　── 在厚黑世界中找回心理的光　　　　　　　　　　005

第一章
厚黑是怎麼來的？── 心理學重構李宗吾　　　　　　009

第二章
誰在使用厚黑術？── 厚黑人格與人際戰術圖譜　　　055

第三章
職場厚黑現形記 ── 辦公室生態與角色陷阱　　　　　101

第四章
說話也能厚黑？── 操弄性語言與心理控制術　　　　141

第五章
為什麼厚黑讓人累？── 厚黑對心理健康的代價　　　183

目錄

第六章
厚黑還能有倫理嗎？—— 在灰色地帶找尋道德準則　　223

第七章
與厚黑共存的智慧：識破、應對與轉化　　265

第八章
做自己也能有影響力：厚黑以外的選擇與實踐　　309

後記
這本書不是寫給厚黑者的，而是寫給還想保留柔軟的人　　349

附錄一
厚黑行為檢核表：你遇到的，是厚黑嗎？　　351

附錄二
厚黑語句解析表：拆解操弄話術的心理結構　　353

附錄三
厚黑情境反應手冊：
八大常見場景 × 對應語言與心理戰術　　355

序言
理性不冷血，溫柔不懦弱 —— 在厚黑世界中找回心理的光

我們正活在一個言語算計比真話還受歡迎、沉默與服從比發聲與誠實更安全的時代。從辦公室、家庭、朋友圈，到網路社群、政治場域，厚黑現象無所不在。它不是只存在於宮鬥劇或職場小說中，而是真實地發生在你我每天的互動裡。

「厚臉皮、黑心腸」曾是李宗吾對權謀的戲諷，百年後卻成了不少人生存哲學的寫照。有人靠它爬得快，有人因它沉默、倦怠、逃離，也有人不斷問自己：「我不想那麼黑，但不黑我還能留下嗎？」

這本書的誕生，就是為這樣的時代而寫。它不是告訴你如何厚黑，也不是勸你一味原諒或容忍，而是站在心理學的立場，提供你一套看懂厚黑、拆解厚黑、防衛厚黑，甚至超越厚黑的清醒心理工具。

書中所呈現的，不是對厚黑的道德審判，而是透過心理理論與真實案例，重新理解：

- 為什麼人會選擇使用厚黑手段？
- 面對厚黑，我們為什麼會陷入內耗、自責或逃避？
- 真誠、善意與界限是否可以共存？
- 如何在不厚黑的前提下，建立自己的影響力？

這不是一本理論書，而是一份心理求生指南、一套溝通轉化的行動手冊，更是一場關於「成為怎樣的人」的深度對話。

序言　理性不冷血，溫柔不懦弱—在厚黑世界中找回心理的光

你不需要變壞，也不必變得無情。你只需要變得更清楚、更堅定、更有選擇。這樣的你，將能在厚黑的時代裡，活得通透而不被吞沒。

為了讓讀者能逐步建構從理解到實踐的心理韌性，本書每一章都對應人際互動中的不同厚黑場景與心理策略。你可以依循章節順序閱讀，也可以根據個人處境挑選需要的段落開始。

建議以下三階段式使用方式：

1. 認清厚黑（第一至二章）

這是你心理免疫系統的建立期。從李宗吾的厚黑理論開始，透過演化心理學、社會比較與防衛機制，認識厚黑行為的根源。第二章更聚焦在人格結構上，幫你辨識黑暗三角與操弄型人格的樣貌。

適合使用時機：當你感覺「哪裡不對勁」、懷疑被操弄卻說不上來。

2. 建立防衛（第三至五章）

這是你策略工具的練習期。從辦公室到親密關係，這三章提供實際情境中的厚黑辨識與應對方法，包括語言話術拆解、情緒勒索回應、防衛界限設計與心理耗竭修復。

適合使用時機：當你身陷一段高壓互動關係、感覺自己越來越不像自己。

3. 超越厚黑（第六至八章）

這是你心理影響力的建立期。從倫理選擇、情緒智慧，到非暴力溝通與格局建構，本階段將協助你走出厚黑的對抗結構，進入一種以信任、價值與穩定為核心的人際運作模式。

適合使用時機：當你不再只是想「保護自己」，而是渴望「成為一個影響他人、穩定關係的人」。

本書所有概念皆基於實證心理學理論，搭配可辨識的真實現象與情境語言模擬。你不需要有心理學背景，只要你願意看清、願意調整，就能從中建立屬於你的「厚黑免疫力」與「真誠影響力」。

　　請記得，厚黑的世界或許喧囂，但你可以選擇一種不喧囂、卻更堅定的活法。

序言　理性不冷血，溫柔不懦弱──在厚黑世界中找回心理的光

第一章
厚黑是怎麼來的？
——心理學重構李宗吾

第一章　厚黑是怎麼來的？──心理學重構李宗吾

第一節　從李宗吾到 21 世紀：厚黑的思想演進與當代表現

厚黑學的源頭：一場對「成功之道」的反諷

　　1912 年，李宗吾在四川成都發表了他那篇赫赫有名的《厚黑學》，直言歷史上成功者皆是「臉皮厚、心腸黑」的人。他以諸葛亮、劉邦、曹操等歷史人物為例，指出他們雖表面有智有仁，實則背後皆以權謀為手段。他批判性地將這種現象推論為一種「學問」── 即厚黑學，表面上是對現實的調侃，骨子裡卻是一種對中國傳統道德觀的深刻懷疑。

　　李宗吾寫下這些文字時，正值民初動盪時期，政治人物爾虞我詐，理想與倫理在現實中被踐踏。對他而言，「厚」與「黑」不是值得鼓勵的價值，而是一種描述現實的「方法論」，一種讓讀者看清人性之後，自行選擇該如何因應的工具。他並未主張人人都該變厚變黑，而是主張我們必須知道厚黑的存在與機制，否則便只能被動地受制於他人手段。

　　但進入 21 世紀後，厚黑學在許多人的解讀中逐漸產生了偏移。有些人將其視為「成功學」的一種捷徑指南，甚至與現代的「權謀術」、「人性操作」混為一談，忽略了李宗吾原文中的批判精神與諷刺性格。正是在這樣的語境下，我們更有必要回到心理學的視角，重新探討這種「臉皮厚、心要黑」的行為與心態到底是什麼，以及它在今日人際關係與職場互動中呈現出何種樣貌。

第一節　從李宗吾到 21 世紀：厚黑的思想演進與當代表現

現代心理學中的厚黑對照：人性中的自利與防衛本能

從現代心理學的角度看，「厚」與「黑」其實可以分別對應到兩種常見的心理行為傾向：

- 厚：可對應到面子文化、防衛機制、社會比較導致的自尊保護。這種人往往不易感到羞恥，能夠在外界批評或羞辱之下維持自我中心的穩定，甚至能主動無視外界反應，以「不怕丟臉」作為社會競爭策略。
- 黑：則可對應到道德解離、冷酷理性自利、自戀型人格與操弄傾向。這種人傾向將他人視為手段，在達到目標時不在乎他人受傷。

根據 2002 年德羅伊・保羅斯（Delroy Paulhus）與凱文・威廉斯（Kevin Williams）所提出的「黑暗三角理論」（The Dark Triad），人類人格中存在三種與厚黑極為相似的傾向：自戀、馬基維利主義（操控性思維）與反社會行為傾向。這三種人格類型的人在社交場合中表現得極具魅力、懂得演戲，卻在私下對他人冷漠、以自我為中心，且不擇手段。

簡言之，厚黑不再只是中國文化的產物，它與全球各文化中對「控制」、「權力」、「競爭」的深層心理反應都有高度對應性。只是李宗吾用通俗語言揭開了這些現象，而心理學則提供了理論架構與實驗驗證。

企業家與「厚黑形象管理」

美國一間新創公司 CEO 因長期對內部員工展現「公開誇獎、私下貶低」、讓團隊之間彼此競爭、營造高壓氛圍而引起爭議。他在媒體訪談中

第一章　厚黑是怎麼來的？─心理學重構李宗吾

表現謙遜、談遠見，卻在內部錄音被揭露後發現他經常以「你如果不適合這裡可以走人」來脅迫團隊服從，被多名離職員工控訴為「操控型領導」。

在心理學角度來看，他展現出的是典型的厚黑型人格：表面厚（不怕承擔負面觀感）、內裡黑（將人當工具來達成目標）。這種人格在某些企業文化中反而被視為有「領導力」，但其實長期而言容易導致組織信任崩潰、員工離職率攀升。

厚黑不是病，但若不自知，會毀關係

厚黑行為本身並不一定等同於病態。事實上，每個人在成長過程中都曾經展現厚或黑的特質，這是自我保護與適應環境的自然反應。舉例而言，一個學生在被老師當眾責罵時選擇「裝沒事」繼續笑著回應，這是面對羞辱的防衛性行為；又或者，某人為了升遷不得不刻意與主管維持曖昧距離，也是一種社會交換策略。

然而，問題在於──若厚黑變成一種常態、策略化的處世信仰，那麼它就不再是保護自己，而是「剝削他人」的手段。這樣的行為會破壞人際信任、削弱群體的心理安全感，並造成長期的人際耗竭。

社會學家厄文・高夫曼（Erving Goffman）所提出的「印象管理理論」指出，人們在社會互動中會有意識地建構自己的人設以達成目的，但若這種人設過度與真實自我背離，就會產生「角色疲勞」。厚黑行為者就是過度印象管理的實踐者，他們長期在不同人面前展現不同面貌，最終可能會失去真誠互動的能力，也讓自己陷入信任困乏的孤島。

第一節　從李宗吾到 21 世紀：厚黑的思想演進與當代表現

現代社會中的厚黑流行：是手段還是病態？

在社群媒體與自我行銷文化盛行的今天，厚黑的表現形式變得更隱晦、更普遍。一些看似積極、自信的個人品牌，其實背後可能隱含操控性語言與利益導向關係的編排。從「形象管理師」到「情緒行銷」、「話術培訓」，厚黑不再是黑暗角落的秘密，而是被某些商業機制包裝為「溝通技巧」。

這種現象值得反思：我們是否在不知不覺中，把厚黑當成一種「必修能力」，而非應當審慎使用的灰色策略？

心理學家丹尼爾・高曼（Daniel Goleman）在其 EQ 理論中強調，真正的情緒智慧來自自我覺察與他人感知的平衡。若一個人只追求操控與勝利，而無視他人的感受與價值，無論再成功，其內在情緒往往是空虛與焦慮的。

厚黑學不只是操作術，而是社會鏡子

李宗吾提出厚黑學的初衷，不是鼓勵人厚黑，而是用厚黑來提醒世人：「不要只看表面，也不要輕信偽善」。心理學的任務亦同：不是否定人性的陰暗面，而是讓我們更清楚自己與他人行為背後的動機，從而做出成熟與負責的選擇。

厚黑現象仍存在於今日，但透過心理學與人際關係科學的工具，我們不只能識破厚黑，更能學會什麼時候保護自己、什麼時候堅持誠實，什麼時候必須反擊、什麼時候應該抽身。這正是我們重讀厚黑學的真正價值。

第一章　厚黑是怎麼來的？—心理學重構李宗吾

第二節　人類為何會厚臉皮？演化心理學與自利傾向解析

「厚臉皮」其實是演化選擇？

在日常語言中，「厚臉皮」常被視為負面評價，代表一個人不知羞恥、不知退讓、面對批評毫無反應。然而，從演化心理學的角度來看，這種「不怕丟臉、抗拒羞辱」的特質，或許正是人類在競爭環境中存活下來的重要適應行為。

在史前社會中，人類依賴群體合作以求生存，但也面對資源有限、領導權爭奪與族群內競爭的壓力。若一個人在遭遇羞辱或排擠時立即崩潰、逃避，那麼他便失去了維繫地位與資源的能力。反之，那些能夠面對指責而「撐住」的人，有更高機會維持社群中的位置與影響力，甚至透過厚臉皮的強悍形象獲得領導權。

由此可見，「厚臉皮」或許不是道德缺陷，而是一種進化下來的社會生存機制。心理學家大衛‧巴斯（David Buss）的社會競爭理論便指出，人類為了在群體中獲得地位，會發展出不同的心理策略，其中之一就是「免疫羞辱與拒絕訊號」。

第二節　人類為何會厚臉皮？演化心理學與自利傾向解析

自利傾向：厚臉皮的心理學根基

再進一步分析，可以發現厚臉皮的根源在於人類的自利偏差。根據心理學研究，人們傾向於將成功歸因於自己能力，失敗歸因於外在因素。這種偏差讓我們在面對錯誤或批評時，能夠保有一種內在的心理穩定。

而當這種自利偏差發展到極致，就成為了厚臉皮的心理機制。一個人若經常將所有批評視為「別人不懂我」、「這是對方情緒問題」、「社會太現實」，那麼他就能在面對任何挫敗時維持自尊──即使外界看起來他已經失敗，甚至荒謬。

這樣的心理模式在許多自戀型人格者身上格外明顯。根據 2009 年 Twenge 與 Campbell 對美國社會的調查，自戀傾向在年輕世代中顯著上升，而這些人通常擁有極強的面子防禦機制，面對批評或羞辱的容忍度極高，展現出強烈的厚臉皮特質。

案例分析：社群網紅文化與「厚臉皮美學」

知名網紅 A 小姐因抄襲國外圖文作品被揭發，社群輿論一度風起雲湧。然而她不僅未公開道歉，還反過來批評「我們國家的人太愛攻擊自己人」，成功將話題轉向「族群情緒」與「本土創作困境」，最終不僅流量不減，甚至接到更多廠商合作邀約。

這不是特例，而是數位時代的「厚臉皮機制」再現。根據 2023 年的一份網路輿情研究報告指出，若公眾人物能迅速「轉移焦點」、「重建價值敘事」，即便在輿論風暴中仍能站穩腳步。這正是厚臉皮的現代演化版本：將羞辱視為機會而非心理威脅。

第一章　厚黑是怎麼來的？—心理學重構李宗吾

這也解釋了為何厚臉皮者在今日媒體與社群環境中反而具有生存優勢。他們不僅能耐受批評，更能主動操控議題、重新設定價值框架，讓批評者反而陷入「太情緒化」的指控之中。

羞恥感與文化差異：亞洲為何更怕丟臉？

厚臉皮這一心理機制與「羞恥感」的文化意涵密不可分。心理學家瓊恩・坦格尼（June Tangney）區分了羞恥（shame）與罪惡感（guilt）：前者與自我整體價值相關，後者則與具體行為相關。亞洲文化尤其強調羞恥感，是集體主義社會中維繫秩序的道德壓力來源。

在這種文化中，「臉皮」不僅是個人面子，更是整個家庭、組織的形象。因此，一旦有人能夠「不怕丟臉」，就意味著他脫離了傳統倫理框架的束縛，具有某種「反文化」優勢，甚至在某些人眼中代表「夠強」、「夠狠」。

某知名心理師於2023年接受訪問時指出，近年她觀察到許多青少年在面對網路霸凌時，反而主張「我就是爛怎樣」的自黑式回應，這正是厚臉皮的防衛演化變體：先發制人的破臉行為，避免羞辱進一步造成心理傷害。

厚臉皮的好與壞：心理韌性或社會冷漠？

那麼，「厚臉皮」到底是好是壞？其實取決於動機與使用方式。若一個人能在遭遇羞辱時堅持自我、不過度內化他人評價，那麼這種心理強度屬於健康的自尊與心理韌性。它幫助人們在充滿比較與批判的環境中保持自信，不被情緒輕易打垮。

第二節　人類為何會厚臉皮？演化心理學與自利傾向解析

然而，若一個人總是以厚臉皮掩蓋自己過錯，拒絕承認問題與成長空間，那麼這種「厚」就轉化為一種社會冷漠與自戀型迴避，也可能成為破壞關係、拖累團隊的源頭。

實務應用：怎麼建立健康的「臉皮」？

若我們承認人類天生會發展出厚臉皮作為一種防衛機制，那麼更重要的問題是：我們如何擁有健康的心理防衛，而不是退化為逃避責任的社會障礙？

這裡有幾項來自心理學的建議：

- 分辨羞恥與罪惡感：羞恥是「我不好」，罪惡感是「我做錯」。健康的防衛應該建立在行為修正上，而不是否定自我。
- 練習自我揭露（self-disclosure）：在安全關係中主動承認錯誤，有助於心理整合，而非強化防衛與演戲模式。
- 建立「心理安全圈」：厚臉皮容易在缺乏支持系統的環境中發生，透過建立信任關係，能夠降低過度防衛的動機。
- 發展建設性的自尊來源：不要將自我價值建立在他人評價上，而是建立在個人成長、行為選擇與道德一致性上。

厚臉皮不是敵人，是我們要面對的心理事實

厚臉皮的存在，是人類心理演化的必然。它不是病態，而是保護。但若我們沒有足夠的自我覺察，它也可能成為我們自欺欺人、傷害他人的藉口。

第一章　厚黑是怎麼來的？—心理學重構李宗吾

在這個過度表演、過度評論、過度比較的時代，我們需要厚臉皮，但更需要清楚知道自己為什麼而「厚」。只有理解厚臉皮的心理根源，我們才能避免走向麻木與自利，也才能在這個紛雜世界中，保有柔軟但不脆弱的自己。

第三節　心要黑的心理動力：認知失調與道德解離現象

從「心黑」說起：道德與生存的拉鋸

「心要黑」是李宗吾厚黑學的第二要義，相較於「厚臉皮」的社會反應性，「黑心腸」更具主動性，甚至具破壞性。所謂「黑」，指的是在行為選擇上毫不猶豫地犧牲他人、操弄情勢、背叛盟友，以求個人利益的最大化。在現代語言中，這可與「冷血」、「無情」、「有手段」劃上等號。

然而，真有人天生心黑嗎？從心理學的角度看，「黑」不是天性，而是一連串心理動力與認知調整的產物。它不是單一人格缺陷，而是一種因應內外壓力、經濟誘因與社會比較後的心理調適機制。也就是說，「心黑」是心理現象，不一定代表病態，而是某種道德意識暫時關閉後所表現出的行為策略。

為了更深入理解這個過程，我們需從兩大心理機制入手：認知失調（cognitive dissonance）與道德解離（moral disengagement）。

認知失調：讓黑行為變得「合理」

認知失調理論由心理學家利昂・費斯廷格（Leon Festinger）於 1957 年提出，指出當一個人的信念與行為發生衝突時，會產生心理不適感（dissonance），進而透過改變信念、扭曲現實或行為正當化，來恢復心理一致性。

舉例來說：

- 一位職場主管向上拍馬、向下壓迫，卻聲稱自己是「為了公司的大局」，這就是在用「組織利益」合理化自己的冷血行為。
- 一位業務員故意誤導顧客卻說「市場競爭就是這樣，別人也會騙」，這是在用「他人都如此」的信念，減輕個人行為的不安。

這些內在調整的共通點，是讓原本不道德的行為不再令人痛苦或羞愧。也就是說，「心黑」不是直接的道德背叛，而是經過一段心理轉化過程後，讓當事人相信自己其實沒錯，甚至很正義。

這解釋了為何許多厚黑者面對指責時毫無悔意，甚至覺得自己是「不得不如此」或「替大家扛下骯髒工作的人」。這不是裝傻，而是真誠的心理適應。

道德解離：心理學上的「良心關閉開關」

與認知失調不同，道德解離則更直接地切斷了行為與內在道德判準之間的連繫。此理論由心理學家亞伯特‧班度拉（Albert Bandura）提出，指出人在特定情境下會暫時關閉道德感知系統，以便執行違反倫理的行為而不自覺羞愧。

常見的道德解離機制包括：

- 責任移轉（displacement of responsibility）：不是我想這樣，是上級命令。

- 結果扭曲 (distortion of consequences)：反正沒人真的因此受傷。
- 文過飾非 (euphemistic labeling)：不是砍人，是「策略性調整」。
- 非人化 (dehumanization)：他們根本不像我們，是另一種人。
- 有利比較 (advantageous comparison)：我做的已經比別人善良多了。

這些心理技巧幫助人暫時取消良心作祟的「障礙」，讓黑行為變得心理上可行，甚至「正義」。而這種「選擇性道德」的開關一旦常用，會變成自動化習慣，最終導致人格層級的變形。

真實案例：政治厚黑與「愛國包裝」

某政治人物因貪汙弊案被揭發，帳目中清楚顯示他動用工程預算回扣。但他在媒體受訪時強調：「這些錢我是拿去幫鄉里修路，不是自己花用，貪汙只是媒介，鄉親才是目的。」此說法在地方竟然獲得部分選民支持，認為他「黑得值得」。

這正是道德解離的經典展現。透過將貪汙行為包裝為「地方建設」，個人將違法行為轉化為「愛鄉之舉」，一方面減輕自身罪惡感，另一方面也讓支持者得到一種「黑是必要之惡」的合理感。

從心理學角度來看，這種情境符合社會心理學中的群體忠誠超越道德判準的趨勢。當個人將自身利益與集體或理想綁定，便可將道德責任外包至「整體利益」，進而放棄對個別行為的判斷。

當黑變成一種「進步」象徵：現代文化的扭曲美學

值得注意的是，在今日媒體與社群文化中，「心黑」不再只是一種隱晦行為，有時甚至被公開讚揚為「果斷、理性、有手段、有執行力」。例如：

- 企業領袖若能在短時間大幅裁員、關閉不賺錢部門，被視為「果斷」。
- 藝人或網紅公開利用他人資源後切割，若操作得宜，反而提升話題度。
- 戀愛關係中的「割席斷情」，不被指責無情，反被稱為「情緒成熟」。

這些文化趨勢不但模糊了黑與白的邊界，也讓許多初入社會者將「心黑」視為成功的必要條件。若不具備足夠的心理辨識力與倫理判準，很容易將這種行為內化為標準，成為厚黑鏈條中的一環。

心黑的代價：自我耗損與人際隔離

然而，心理學也指出，「心黑」雖短期有效，長期卻代價高昂。長期進行道德解離的人，容易出現以下心理後果：

- 情緒冷感（emotional numbness）：為了不被愧疚綁架，逐漸關閉情緒系統，導致無法體會真正的快樂與連結。
- 人際疏離（interpersonal distrust）：心黑者往往無法相信他人，因自己對人心有最壞的預設。

第三節　心要黑的心理動力：認知失調與道德解離現象

- 自我異化（self-alienation）：當內在價值長期與行為不符，最終會導致對「我是誰」的困惑與失落。

臨床心理學家指出，許多習慣使用操控與掩蓋手段的企業高管在離職後出現憂鬱、焦慮與社會脫離現象。他們形容自己為「成功的空殼」，這是心理上「心黑副作用」的真實寫照。

實務建議：當你發現自己開始黑化

若你曾在某些情境中發現自己為了達成目標開始「說服自己沒關係」，那麼恭喜你──這正是自我覺察的起點。

心理學提供幾項對抗道德解離與認知失調的方式：

- 覺察行為背後的正當化語言：是否經常說出「大家都這樣」、「我是為你好」這類話？
- 練習內在對話：問問自己，「我這樣做，如果出現在新聞，會怎麼看？」。
- 找尋誠實鏡子：建立能指出你盲點的親密關係圈或專業督導。
- 停止角色合理化：承認自己正在權衡「利與德」的拉鋸，而非逃避判準。
- 回歸價值對齊：行為是否與你真正信仰的價值一致？若不一致，調整行為而非強化自欺。

第一章　厚黑是怎麼來的？—心理學重構李宗吾

理解心黑，是為了不成為心黑者

「心黑」不是病，而是人性的陰影面。若我們從不願意面對它，它就會在無意識中主導我們的選擇。反之，若我們能夠在心理上看清它的動力、辨識它的語言、設下清楚界限，我們就不會成為厚黑文化的傳遞者。

心理成熟，不是全然純白，而是能夠與陰影共存，卻不被其吞噬。這，才是現代人在理解「厚黑」之後，該學會的真正功課。

第四節　面子文化與羞恥迴避：厚黑行為的亞洲心理土壤

面子，不只是表面

在東亞語境中，「面子」幾乎是所有人際行為的潛規則。它不僅代表個人的形象，更牽動群體地位、社會認可與互動策略。心理學家何友飛（David Yau-fai Ho）首先提出「面子文化心理學」的概念，認為在亞洲集體主義社會中，個人的行為與自我價值評估是建立在外界觀感之上的。

「失面子」不只是尷尬，更被視為一種社會性死亡。這導致許多個體為了保住「表面的完整」，會選擇犧牲誠實、推卸責任，甚至說謊與扭曲事實。於是，我們看到厚黑行為在東亞社會不僅普遍，而且常被默認為「不得不如此」。

這種心理與社會結構互為因果，使厚黑術在東亞社會裡，具有某種「文化保護傘」。你不厚、不黑、不懂給自己留面子、不讓對方有臺階下，反而會被視為沒人情味、不夠圓滑、太過幼稚。

為什麼羞恥會讓人變得不誠實？

在個體主義社會中，例如北美文化，個人羞恥感往往與「違背內在信念」有關，而亞洲社會則是「讓別人失望」或「在別人面前出糗」成為羞恥來源。這種羞恥不來自於道德，而來自於「觀感」。

第一章　厚黑是怎麼來的？──心理學重構李宗吾

心理學家瓊恩‧坦格將「羞恥」（shame）與「罪惡感」（guilt）區分為兩種不同的情緒：羞恥是對「自我」的全盤否定，罪惡感則是針對「行為」的批判。東亞社會由於高度關係導向，更容易讓羞恥凌駕於罪惡感之上。

例如：一位主管若犯了決策錯誤，若主動承認，他會被視為讓公司蒙羞；若選擇粉飾太平，反而被解讀為「維護整體形象」。在這樣的文化機制下，「不丟臉」往往比「說實話」還來得重要。

這就是厚黑在亞洲特別盛行的心理基礎：羞恥與誠實的對立，使得人們在壓力之下寧可扭曲現實也不願失面子。

案例觀察：臺灣企業文化中的「假協調真卸責」

2021年，臺灣一家科技新創公司在一次重大專案失敗後，主管階層未召開內部檢討，而是透過新聞稿發出聲明，強調「專案過程皆符合流程，唯市場波動過大導致進度延遲」。然而，根據內部員工匿名爆料，實際上是高層間資訊不對稱與外包決策失誤所致，但無人敢在正式會議中指出，皆以「下次改善」結束話題。

這類「假檢討真避責」的文化行為，源自於兩個心理邏輯：

- 怕當眾點破錯誤，讓上司或自己失面子；
- 若發聲就變成背叛群體，會被視為不識相、不會做人。

久而久之，一整個企業文化形成了「表面圓融、私下冷暴力」的厚黑生態，內部對話淪為話術競技場，真正的問題永遠不被處理。

第四節　面子文化與羞恥迴避：厚黑行為的亞洲心理土壤

為何面子文化特別容易培養厚臉皮？

當羞恥感被壓抑、誠實被視為破壞團體和諧的行為時，「厚臉皮」反而成為社會認可的適應方式。從小在面子文化中成長的人，學會了一套「表面無懈可擊」的交際語言與肢體技巧，包括：

- 微笑應對批評
- 巧妙閃避錯誤責任
- 在公開場合高度自制、私下宣洩情緒
- 委婉語句掩蓋真實立場（如「再研究看看」、「我回去想一下」）

這些行為不一定出於惡意，卻是厚黑的潛在養成。當一個人越懂得如何保住面子，也越容易學會如何利用語言、情緒與社會禮節作為防衛與操控的工具。厚臉皮，不再只是心理防衛，而是一種被社會獎勵的行為技能。

日本、韓國與臺灣的「羞恥地圖」

儘管厚黑學源自中國文化，其面子邏輯卻在整個東亞地區皆有共鳴。以下是三個不同文化下的表現方式：

- 日本：以「和」為核心價值，強調維持表面和諧。面子邏輯強烈導致企業文化中「不戳破、不當面衝突」成為主流，因此「心黑」常以隱性手段（如派系操作、邊緣化）展現。
- 韓國：高度階層與權威導向，羞恥與服從交織，對上司維持表面忠誠、對同儕展現競爭姿態，「厚臉皮」表現在升遷與人脈經營中。

第一章　厚黑是怎麼來的？—心理學重構李宗吾

- 臺灣：重情、重關係，面子文化與「做人」倫理相輔相成，厚黑不見得以操弄為主，而是以「不得不的圓滑」呈現，常以「人情壓力」與「幫忙之名」合理化社會妥協。

這些文化共同特徵讓厚黑行為在社會體系中被接受、甚至內化為成功的一部分。

當厚黑成為一種集體共謀

最令人憂慮的是，當厚黑被文化視為一種「高 EQ」的象徵，反而會使不願厚黑的人被視為「不懂事」、「太直」、「沒城府」。在臺灣職場常見以下語句：

- 「你講那麼白，以後誰敢跟你合作？」
- 「這種事知道就好，不要講出來啦！」
- 「人是要圓滑一點的，你這樣太得罪人了。」

這種話語其實在傳遞一種訊號：不是厚黑錯，而是你不會厚黑。

久而久之，整個社會養成了對厚黑的共謀默契，誠實被邊緣化，問題被美化，績效與形象成為唯一判準，而心理壓力則逐漸內化在個人身上，轉化為憂鬱、焦慮、倦怠與人際信任的崩解。

面子文化如何導向「無恥卻成功」的悖論？

當社會價值與心理機制都高度依賴外在評價與形象時，我們開始見到一種心理悖論：越無恥的人越能成功，因為他們敢做別人不敢做的事，

還能不臉紅地說出來。

但這種悖論也有其破綻。心理學研究顯示，那些習慣厚黑而不具反思能力的人，常在人際關係上出現信任斷裂、自我迷失、情緒失控與長期不安。更甚者，他們會失去對「真誠」與「善意」的感知能力，只能依賴話術、策略與操控來維持人際互動。

如何在面子文化中保有誠實與溫度？

我們無法消除面子文化，但可以在其中建立心理韌性與倫理判準。以下是心理學與溝通實務的幾項建議：

- 學會「有分寸的誠實」：不批評人格、只指出行為；不當眾羞辱、選擇私下提醒。
- 設計「留面子的語句」：例如「我覺得這部分我們可以再討論看看」代替「你這樣做不對」。
- 界定自己的底線：清楚知道哪些情況你願意配合文化，哪些則堅持價值。
- 練習正向面子交換：讓對方保有形象的同時，也能傳遞出自己的立場。

理解羞恥文化，是為了誠實不失分寸

厚黑學在東亞的土壤之所以茂盛，不只是人性使然，更因為文化為之澆水、社會為之施肥。我們不能單純責怪個人厚黑，而要回到整體互

第一章　厚黑是怎麼來的？—心理學重構李宗吾

動架構，看見那一層層期待、一層層羞恥壓力與話語邏輯的纏繞。

面子不是罪，但若為了面子犧牲真實、壓抑情緒、扭曲價值，那麼我們也成了厚黑體系的共犯。

而心理成熟的真義，就是在文化的局限中保有自我，說出真話、給出界限，卻不斷裂關係、不失禮、不冷漠。這不是一種天賦，而是一種可以學習的人際心理修煉。

第五節 「心黑」不是天生的？
── 道德解離與權力心理學

人的殘酷是天生的嗎？還是學來的？

當我們看到一個人做出明顯違反良知的行為,例如推卸責任、操控他人、為利益背叛夥伴,我們經常會下意識地說:「他天生就黑心。」但心理學的觀點卻提出完全不同的解釋:「心黑」並非與生俱來,而是在特定條件下「學習」與「習慣」的產物。

從嬰兒發展心理學來看,初生嬰兒具備基本的共情能力(empathy),會對他人哭泣作出反應。根據哈佛大學心理學家瓦納肯(Felix Warneken)的研究,2歲幼兒即會主動幫助他人,顯示助人傾向是一種演化上有益的本能。然而,隨著成長、教育與社會經驗的累積,某些人逐漸學會壓抑同理心、合理化自利,甚至發展出以操控為主的社交策略。

也就是說,「心黑」不是天生,而是環境、權力與心理建構交織而來的結果。

心黑的成因一:道德解離的長期練習

延續前節所提的道德解離機制,心理學家班度拉在他的道德行為理論中指出,人們會透過一系列語言、觀念與社會互動,逐漸解除內在的道德約束。這不是一蹴可幾的過程,而是一種長期的心理適應與行為習得。

第一章　厚黑是怎麼來的？—心理學重構李宗吾

比方說，一名在職場中打壓新人、壟斷資源的資深主管，可能一開始並非如此。但在經歷幾次資源競爭、績效考核與人事鬥爭後，他逐漸學會「必須先發制人」、「善良無法生存」、「能者上位」等觀念，進而形成一種厚黑邏輯。

此類「心黑」的演變過程包括：

- 從原本的內疚到合理化行為
- 從合理化到內化價值
- 從內化價值到主動推廣與效法

心理學稱此為行為－態度一致化的過程，行為若重複足夠多次，會反過來改變態度與價值觀，使厚黑不再是策略，而成為常態。

心黑的成因二：權力對道德的侵蝕作用

更重要的是，權力不只是社會階級，更是一種心理狀態。心理學家克特納（Dacher Keltner）在其權力理論中指出：人一旦獲得權力，會傾向降低對他人的同理心，增加工具性思考。

2014 年一項發表於《心理學》（*Psychological Science*）的研究發現，權力地位高者在觀看他人受苦的影片時，其神經中與同理心相關的區域活化程度顯著降低。他們對「別人受苦」的感受力更弱，也更傾向將他人視為「可利用資源」而非「獨立主體」。

這解釋了為什麼許多高階管理者、政治人物在擁有決策權後，開始變得冷酷無情——不是因為他們變壞，而是因為權力本身削弱了他們對他人處境的感知能力與自我監控機制。

第五節 「心黑」不是天生的？—道德解離與權力心理學

此外，擁有權力者通常不必為行為付出代價，這種「低風險、高報酬」的結構會進一步促進厚黑行為的自我強化。久而久之，厚黑不僅合理，甚至成為成功的象徵。

真實案例：組織權力如何培養厚黑者

韓國一間財閥企業爆發內部高層霸凌與資金私用醜聞。媒體曝光一名副總經理長期利用職權逼迫下屬下跪、替他人頂罪，並多次強調「公司就是我說了算」。該主管在公司服務十餘年，一路從基層升起，曾被評為績效第一。

案發後，多名前下屬出面表示：「他以前不是這樣，但當他權力越來越大後，就再也聽不進別人意見，只相信自己。」

這個例子顯示「心黑」不一定與出身或人格相關，而是與權力的結構性優勢、系統性的獎勵機制，以及組織文化中對厚黑的默許密切關聯。

心黑的成因三：環境容許厚黑者生存甚至獲利

若一個組織、家庭或社會系統中，厚黑行為不但未被懲罰，反而被視為「能力」、「手段」、「EQ 高」，那麼心黑行為就會持續被模仿與擴散。

例如：

- 在某些公司，會打壓同儕、爭搶資源者容易升遷，合作分享者反被邊緣化；
- 在某些家庭，越會說謊、討好長輩的孩子，越被視為「懂事」；

第一章　厚黑是怎麼來的？──心理學重構李宗吾

■ 在某些政治場域，越能操縱話術、轉移焦點的人，越能保持民調不墜。

這些制度性偏誤導致心黑成為一種生存優勢。換言之，並不是誰特別壞，而是整個環境不懲罰壞，甚至獎勵壞。

心理學家菲利普·津巴多（Philip Zimbardo）在《路西法效應》中指出，情境力量（situational power）有時遠超人格因素。環境若允許黑行為存在，個體便會慢慢調整自己以適應，最終成為「黑得合理」的一分子。

「心黑」的社會模仿效應

社會學中的「模仿理論」告訴我們，人在不確定情境中，會參考他人的行為來建立判準。若我們所處社群中厚黑行為獲得成功與肯定，那麼即使原本有道德感，也可能為了不被淘汰而開始模仿。

這在職場新鮮人身上尤其明顯。他們常在第一份工作中遇到「說得一套、做得一套」的主管與同儕，心中產生極大的失落與混亂。若這樣的文化沒有被揭穿或反制，他們極可能逐漸學會相同的厚黑策略，以避免成為「太誠實被淘汰的好人」。

道德教育的失效：只教是非，不教判斷

在臺灣、韓國與日本等地的教育體系中，道德教育通常以「規範導向」為主，強調什麼是對、什麼是錯，卻很少教導學生如何判斷情境、怎麼在灰色地帶做出折衷選擇。

於是，一旦學生進入社會發現：「原來講誠實反而會被罵、說真話會被封殺、誠懇會變成累贅」，他們便對原有的道德系統產生解離與幻滅，改而轉向社會現實的遊戲規則——也就是厚黑學。

這顯示，心黑並不是道德破產，而是道德教育與社會規範脫節的結果。

心黑如何被制約？從環境修復到自我監控

那麼，我們能做什麼，讓自己或組織不墮入心黑的泥沼？心理學提供兩個方向：

環境層級：設計透明、問責、回饋的制度

- 公開決策機制
- 善行的獎勵機制
- 操控與欺瞞行為的懲處或揭露平臺

個人層級：建立心理監控與價值覺察能力

- 每週自我檢核：「我這週的決策有哪部分是出於誠實？哪部分出於操控？」
- 培養誠信同儕圈，鼓勵彼此提供真實回饋
- 接受心理諮商或督導，以處理內在的防衛與不安

第一章　厚黑是怎麼來的？─心理學重構李宗吾

厚黑不是天命，而是選擇

　　我們每個人都處在厚黑可能萌發的環境中，有時我們甚至在不自覺中成為了心黑邏輯的實踐者。然而，認知這些行為不是本能而是建構出來的，是我們能改變命運的第一步。

　　「心黑」的背後，藏著恐懼、壓力、不安與對失敗的迴避。若我們能看清這些動力，並透過心理機制重建自我價值與決策準則，那麼我們便能在人性灰階之中，做出不傷人、不犧牲自我的選擇。

　　理解了「心黑」的成因，也就具備了走向成熟與誠實的可能。

第六節　厚黑人格的形成：環境、教育與社會動力

厚黑人格不是基因，而是歷程

當我們看見一個人習慣性地厚臉皮、毫無歉意地黑心操作人際關係，很容易認定他「就是這種人」。但在心理學的觀點中，人格並非與生俱來的固定體質，而是長期在特定環境、教養與社會互動中逐步形成的行為傾向與信念系統。

厚黑人格的形成，並不是一瞬間的墮落，而是「微習慣－獎賞－內化－模仿」的反覆歷程。這過程往往始於童年教育、強化於學校經驗、制度化於職場規則，最後形成一種系統性的自我與他人觀：我若不先踩人，必被踩；我若不說謊，就會吃虧；我若太誠實，就會被犧牲。

換句話說，厚黑人格的養成，其實是一種對生存邏輯的學習，而非個人德性敗壞的單一結果。

家庭教育：厚黑的最初訓練場

厚黑人格的養成，往往與原生家庭有極大關聯。心理學家黛安娜·鮑姆林德（Diana Baumrind）提出的教養風格理論指出，權威型教養對兒童人格發展最為健康，但若家庭過度權威、忽視情緒，則可能產生「功能性冷漠」。

第一章　厚黑是怎麼來的？──心理學重構李宗吾

在許多臺灣家庭中，我們看到父母這樣對孩子說：

- 「輸人毋輸陣，輸陣歹看面。」
- 「不要讓別人看不起你。」
- 「社會現實，不要太天真。」
- 「有時候就是要忍，不要什麼都說出來。」

這些語言並非惡意，但卻潛移默化地教導孩子：面子比情緒重要、現實比誠實可貴、手段比情感有效。久而久之，孩子學會在不同情境中穿戴人格面具，隱藏真正情緒，甚至學會觀察父母如何在親戚面前演戲、如何「說一套做一套」。

家庭中若有成員以操弄（如冷暴力、情緒勒索、偏愛比較）獲得資源優勢，孩子就可能將這套模式視為有效存活策略。這正是厚黑人格最早的內化場域。

教育體制：誠實被懲罰，手段被獎勵

進入學校後，學生原應在學科知識與社會規則中學會合作與規則感，但事實卻常與理想相反。

例如：

- 為了迎合導師，學生學會說場面話、遷就師長價值觀。
- 在小團體中，直言會引發排擠，而八面玲瓏者被視為「EQ 高」。
- 誠實檢舉作弊反被視為「破壞團體和諧」者。

第六節　厚黑人格的形成：環境、教育與社會動力

這些經驗強化了孩子的信念：這個世界不獎勵真誠，獎勵的是「會做人」與「會演戲」的人。

教育體制中，若成績壓力與表現導向過強，也容易讓孩子忽視過程與倫理，專注於手段達成目標。例如：補習班若以「背誦模版、套公式應付考試」為主，孩子就會認為學習的本質不重要，能交出分數才有價值。這正是厚黑邏輯的學習模型。

同儕競爭：從「人緣好」到「會運作」

青少年期的厚黑人格形塑，來自對同儕群體的適應壓力。當社會標準變得模糊，個體會仰賴「被喜歡」或「被認可」來定位自我價值。在這過程中，社交能力與影響力逐漸取代誠信與一致性，成為自我評價依據。

許多學生學會在不同圈子說不同話，擺出不同立場，甚至開始模仿社群網紅的風格與語言，以提高人設吸引力。而當這種操控行為得到肯定與社會獎賞時，厚黑人格便開始定型。

值得注意的是，這不全然是邪惡的選擇，而是在模糊而競爭的社會環境中，一種對「生存」的即興適應。

職場文化：厚黑成為升遷通行證？

步入社會後，厚黑人格若未被揭穿，反而可能被視為「成熟」、「幹練」、「懂得生存之道」。在許多臺灣中大型企業中，以下現象屢見不鮮：

- 壓榨下屬被包裝成「高績效管理」；
- 將部門問題丟給外部或新人承擔，卻成功保住形象與評價；
- 明爭暗鬥被合理化為「內部競爭力的展現」；
- 拉幫結派、打壓異己成為職場常態，甚至被學弟妹模仿。

當這些現象不被制止，反而被視為升遷必要條件時，整個組織就會內化一種厚黑才能生存、道德會被淘汰的價值觀，進一步將厚黑人格制約成職場主流人格。

媒體文化與大眾心理：厚黑偶像化的危機

社群媒體、選秀節目、影劇角色中，厚黑行為常被包裝為「聰明」、「敢衝」、「有手段」。從《紙房子》、《黑道律師文森佐》到各類真人秀，觀眾常為「算計高明者」鼓掌，甚至讚賞他們「活得清醒」。

大眾對厚黑的欣賞，來自兩種心理補償：

- 投射未竟之願：欣賞那些敢於突破規則、不怕得罪人、活出掌控感的人物，是對自己日常受限的補償。
- 合理化社會不公：當社會資源不均、公平感消失時，厚黑行為會被當作「打破階級困局的唯一方法」。

這種文化氛圍讓厚黑人格不再只是地下行為，而變成公然展示的成功路徑之一。

厚黑人格的心理輪廓

結合前述因素,厚黑人格具有以下心理特徵:

- 高度情境感知力:能快速判讀權力結構與社會氛圍。
- 自我中心但擅長偽裝親切:理解他人情緒但缺乏同理心。
- 行為目標導向:重視結果勝過過程,傾向操作而非參與。
- 倫理彈性大:視道德為可變工具,非固定準則。
- 擁有語言與非語言操控能力:懂得使用沉默、隱喻、表情達到目的。

但同時,這樣的人格也有其代價:

- 長期情緒壓抑
- 人際關係難以建立深度信任
- 隨時處於內在焦慮或空虛狀態
- 易於將外在世界視為競技場、敵我分明

教育與修復的可能:厚黑人格不是不可逆

心理學研究指出,厚黑人格雖具穩定性,但並非無法改變。若個體在足夠安全、透明、鼓勵真誠表達的環境中,經歷以下歷程,可逐步重建自我:

- 心理覺察:意識到自己說謊、操控、隱瞞並非必要。
- 行為修正:刻意練習不操作他人而是表達真實需求。
- 價值對齊:重建行為與內在信仰的一致性。

- 信任重建：進入高信任關係中，嘗試建立新的人際腳本。
- 反轉模式：將過往的生存模式轉化為引導他人脫離厚黑的能力。

厚黑人格不是錯，只是活得太久於扭曲環境中

厚黑不是魔鬼，是一種社會化過程的極端產物。我們若只譴責個人，而忽略教育制度、職場生態與文化話語中的鼓勵與默許，就無法真正破除厚黑結構。

唯有從根本改變「誠實不會吃虧、善良不是弱點」的社會氛圍，厚黑人格才不再是必要的武裝，而只是曾經歷過的過渡狀態。從此，人們便可以不靠操控也能生存，不靠偽裝也能被認同。

第七節　面對厚黑的道德困境：
自保、共謀或抗拒？

當誠實與生存產生衝突

「這個世界太現實了，不厚黑怎麼活？」這句話在職場、校園、甚至家庭中，經常被用來正當化操弄、推諉、說謊與打壓。對那些渴望堅守原則、維持真誠的人來說，這是一種巨大的心理衝突：我想做對的事，但做對的事可能讓我吃虧甚至出局。

這種衝突，被心理學稱為道德困境（moral dilemma）。人在面對多個價值選擇時，若每條路都有代價且難以折衷，內心便會產生焦慮、認知混亂、甚至行為停滯。面對厚黑文化，人們常陷入三種選擇路徑：

- 自保：明哲保身、冷眼旁觀，不參與、不挑戰。
- 共謀：為了生存與利益，選擇順從甚至效仿厚黑者。
- 抗拒：公開或私下抵制厚黑行為，堅持原則。

三者皆有其心理代價與社會風險，而這樣的選擇過程，也深刻揭示了個體如何在「真誠」與「現實」之間掙扎。

第一種選擇：自保的代價與保護力

許多人選擇在厚黑場域中「靜靜看著」，不發聲、不對抗、不表態。他們的邏輯是：「我不惹事，就不會被牽連。」

這種策略符合社會心理學中的旁觀者效應（bystander effect）：個體在群體中傾向將責任外包，因為若大家都沉默，我說出來會變成異，甚至變成下一個攻擊目標。

但自保策略有其心理代價：

- 內在認同破裂：當個體價值與行為長期不一致時，會產生認知失調，導致自我厭惡、焦慮與倦怠感。
- 習慣性沉默：沉默若成為習慣，未來即使面對明確不義，也可能缺乏出手的勇氣。
- 關係疏離感上升：在厚黑體系中自保者往往難以與他人建立深度連結，因為每個人都在觀望，沒有人願意先相信。

第二種選擇：共謀是理性還是墮落？

另一部分人選擇與厚黑者合作，甚至模仿其操作方式。他們心中可能告訴自己：

- 「這是為了保護自己。」
- 「大家都這樣，不這樣就活不下去。」
- 「先站穩腳步，再來談理想。」

心理學上，這屬於生存導向的道德選擇模式。當人處於資源稀缺、評價導向、風險高度的不確定情境中，容易進行價值轉換，把厚黑行為視為「必要之惡」。

然而，共謀的心理與社會後果也不容小覷：

- 良知麻痺：在一次次的自我說服中，原本的道德敏感度會逐漸消失。
- 成為體系一部分：當你幫助厚黑者成功，你也在無意間強化整個文化，成為傳遞者。
- 長期信任崩潰：當厚黑成為主要生存工具時，人際關係會失去安全感與真誠性，導致孤立與疲憊。

第三種選擇：抗拒的勇氣與代價

抗拒厚黑是最困難的一條路，也最需要心理資源與社會支持。這包括：

- 在會議中指出問題與不當決策
- 向上級或第三方揭露內部黑箱操作
- 選擇不參與不正當利益分配，即便失去升遷機會
- 向厚黑文化說「不」，即使被孤立

這些行為需要高度的道德自律、價值一致性與心理韌性（resilience）。心理學研究指出，能夠堅持抗拒厚黑者，通常具備以下特質：

- 內在動機強烈（intrinsic motivation）：他們的行動是基於對「對錯」的深層認知，而非他人期待。

- 價值清晰：知道什麼是不能妥協的原則，也知道什麼時候可以讓步。
- 有支持系統：通常擁有能提供心理安全感的親密關係或社群。
- 能預期後果並承擔：理解自己可能因此失去利益，但仍選擇堅持。

但抗拒者也容易遭遇孤立、報復與內在懷疑。這是抗拒厚黑者經常面對的真實挑戰。

真實案例：揭弊者的道德試煉

一位公立醫院的護理主管在發現院內高層刻意隱瞞手術死亡率、誇大績效數據以取得補助後，選擇匿名揭露真相。事件曝光後，雖引發社會關注，但該護理師遭到單位調職、排擠，心理狀態一度失衡。

她在後來受訪時說：「我不後悔，但也承認過程中很痛苦。我只是覺得，總要有人不裝沒看到。」

這正是厚黑系統下，抗拒者的道德困境。他們堅持信念，但也承受來自文化與組織的壓力。若沒有結構性的保護與文化支持，這樣的堅持會令人疲憊甚至崩潰。

厚黑環境下的「選擇疲勞」與心理耗竭

面對厚黑環境，最常見的心理反應其實不是抗爭或沉淪，而是「選擇疲勞」──每天都在判斷：「這句話要不要講？這件事要不要說實話？這個錯要不要揭露？」

這種長期心理壓力會導致：

第七節　面對厚黑的道德困境：自保、共謀或抗拒？

- 決策遲滯：對對錯變得遲疑不決。
- 道德麻痺：原本會介意的事變得無感。
- 認知解離：分離「我在職場」與「我在生活中」的行為模式。
- 情緒耗竭：對人際關係、團隊合作感到徹底倦怠。

因此，面對厚黑文化，我們必須承認：這不只是道德議題，也是心理健康議題。

怎麼做？建立自己的「選擇準則」

如果你正處於一個厚黑文化濃厚的環境，這裡提供一套由心理學整合而來的選擇判斷工具：

- 行為是否與你最核心的價值一致？
- 你是否能承擔該行為帶來的短期代價？
- 這個選擇是否讓你未來可以安心說出真相？
- 你是否願意讓孩子或學生知道你這樣做？
- 如果所有人都像你這樣做，這個社會會變成什麼樣子？

這五個問題不是要你成聖人，而是幫助你在現實與原則之間找到可行的中線。

建立「健康抗拒」的心理環境

我們無法一次扭轉整個文化，但可以先在自己的小世界中，建立一個可以抗拒、可以對話、可以反思的空間：

第一章　厚黑是怎麼來的？──心理學重構李宗吾

- 找到可以對話的同溫層，不是為了抱怨，而是為了不迷失。
- 練習「有策略的誠實」，用不失禮的方式說出真實。
- 學會暫時保留意見，而不是長期自我壓抑。
- 接受有些場合必須抽身，而不是妥協到底。

你不是不夠厚黑，只是還想活得清楚

厚黑文化不一定能被立即瓦解，但我們可以選擇不成為它的推手。

我們或許不能每次都抗爭成功，但每一次你選擇真實、選擇不共謀、選擇保有自己的思考，那怕只是一點點，都在鬆動厚黑的權力結構。

最重要的是，我們要學會接受：不是不厚黑就代表你輸了，而是你清楚自己為何而活。這樣的清楚，正是心理強大與人際尊嚴的起點。

第八節　現代厚黑學的界限：從生存策略到關係病態

厚黑不是「有病」，但可能讓關係「生病」

我們可以理解厚黑是一種文化適應，是為了生存、為了不被淘汰、為了在複雜關係中不受傷。但問題來了：如果厚黑用得太順手，用得太自然，會發生什麼事？

答案是：關係會開始腐蝕，人會開始僵化，真誠會變得危險。

在現代心理學中，當一個人長期運用厚黑策略解決問題，並將其視為主要的人際互動工具時，這樣的行為可能開始出現病態化傾向。不是精神病學意義上的診斷，而是從心理結構與關係層面來看，一個人若無法與他人建立互信、無法承認錯誤、無法放下控制欲，那麼他在厚黑的路上，可能早已過界。

哪裡是厚黑的界限？

從心理學觀點看，厚黑行為若符合下列條件，則仍屬策略性適應：

- 行為以自我保護為出發點，不主動傷害他人
- 有清楚的倫理底線與自我監督機制

第一章　厚黑是怎麼來的？—心理學重構李宗吾

- 行為會因情境調整，不是僵化與習慣性出現
- 對結果有反思能力，能承認錯誤、修補關係

但若符合以下特徵，則可能已越界進入關係病態：

- 長期操控他人而無愧意
- 把別人當工具，不承認其主體性
- 行為風格僵固，不管對象與情境都以同一方式互動
- 透過貶低、挑撥、排擠維持自己優勢
- 情緒冷漠，對他人痛苦無感
- 對批評極度敏感但拒絕承認錯誤

這樣的人，可能已經形成一種「厚黑人格化」的心理結構，其背後不只是策略問題，而是自我建構、人際需求與價值觀出現了深層扭曲。

自戀性傷害與過度防衛的厚黑化

心理學家海因茲・柯胡特（Heinz Kohut）與奧圖・克恩伯格（Otto Kernberg）分別從不同理論視角探討自戀性創傷：前者聚焦於早年鏡映失落所帶來的自體破裂，後者則從人格結構與攻擊性整合失敗的角度切入。，指的是一個人在早年經驗中未被穩定照顧、經常遭到忽略或羞辱，因此在長大後發展出過度自我保護與自我理想化傾向。

這樣的人在面對人際挑戰時，會：

- 極度追求控制
- 無法忍受被批評或被看不起

- 對人際關係充滿防衛與操弄
- 將誠實或脆弱視為威脅

於是,他們選擇厚黑,因為厚黑是唯一讓他們「不受傷」的方式。這不是他們想傷害誰,而是他們早就學會:如果不先黑別人,就會被壓死。

然而,這樣的互動方式會讓他們逐漸失去真實的連結,只剩計算與表演,最終落入一種「贏了面子,輸了關係」的孤立狀態。

操控型人格與厚黑的結合

當厚黑行為與人格特質結合,會形成某些高度破壞性的人格模式,心理學中稱為「操控型人格傾向」。這些人具備以下特徵:

- 語言操作高手:懂得說出對方想聽的話、善於扭曲事實製造混淆
- 形象管理極致:在不同人前展現不同角色,打造正向印象
- 控制欲極強:必須掌控局勢,不能忍受他人出現自主意見
- 同理假象:能「假裝」理解與共鳴,但實際上內心冷漠
- 推卸與切割專家:出事從不負責,迅速與負面連結切割,甚至嫁禍他人

操控型人格並非罕見,尤其在強調績效、形象與表演的環境中更易發展。根據心理學家保羅·巴比亞克(Paul Babiak)與羅伯特·黑爾(Robert Hare)的研究,部分企業管理階層中確實存在具反社會傾向的人格者。他們以操控、欺騙與無情為特徵,表面上極具魅力,實則利用職場系統攀升權力,對組織文化與員工心理造成長期損害。。

關係病態的厚黑展現：六大指標

(1) 人際去主體化：厚黑者將他人視為工具，無視其情感與尊嚴。
(2) 長期關係中「換殼不換戲」：與不同人維持相同的操控腳本。
(3) 失敗後從不承認自己錯誤：永遠是制度錯、人不懂、別人嫉妒。
(4) 關係破裂後迅速切割，毫無情緒。
(5) 只能建立利益導向的關係，無法經營脆弱與信任。
(6) 一旦失去權力或控制能力，即出現情緒崩潰或激烈報復。

這樣的厚黑已不再是求生工具，而是一種人際病態操作模式，需引起足夠重視與區隔。

真實案例：高效能黑心主管的職場教戰手冊

2022年，一位知名新創公司主管被內部員工揭發長期以「績效為名」進行情緒勒索與操控。他會根據每位下屬的弱點，設計不同風格的說服與打壓語言，有時以「你是最有潛力的，我才這麼嚴格」包裝批評，有時則以「我不說，別人會說得更難聽」合理化羞辱。

他對外是社群明星，時常接受創業講座邀請，被媒體譽為「新世代領袖」。直到數十名離職員工共同出面揭露，這才顯露其厚黑手段背後的長期關係傷害。

事後分析指出，這位主管本身具有自戀傾向，並在缺乏監督的企業文化下，將厚黑手段人格化、風格化，最終將整個團隊的溝通關係帶入病態互動中。

如何看見「厚黑已越線」的警訊？

不是所有厚黑都是病態的，但若你或你身邊的人出現以下心理與行為警訊，請務必進一步反思或尋求協助：

- 對關係失去信任，只相信控制；
- 極度恐懼被揭穿，對透明化有強烈抗拒；
- 情緒表達非假即劇烈 —— 不是冷漠就是爆炸；
- 極少經歷羞愧或悔意，即使明知自己有錯；
- 周圍關係長期處於不穩定或斷裂狀態。

這些訊號都顯示厚黑已不只是策略，而是心理結構變形與關係修復能力喪失的表徵。

停止厚黑病態化：心理調整與倫理重建

若發現自己逐漸陷入厚黑慣性，心理學建議可從以下路徑進行自我修復：

- 覺察厚黑語言與動機：例如「我是為你好」是否其實是在壓制他人？
- 嘗試坦承自己的不安：如承認自己對失敗或不被喜歡的恐懼。

- 建立能接受真實自己的親密關係：讓自己不需靠演戲才能被接受。
- 設立回饋機制：讓信任的人協助你觀察並修正過度操作的行為。
- 在無需厚黑的情境中練習真誠互動：從低風險關係開始。
- 心理諮詢與自我對話：探索「我為何不相信誠實也可以有力量」。

厚黑是一種能力，但不是全部的你

厚黑的確是一種能力，一種洞察人性、操控語言、掌握權力的技巧。但如果你只有這個能力，而沒有連結、沒有情感、沒有價值，那你擁有的就只是一副盔甲——沉重、冰冷、無法擁抱任何人，也無法被擁抱。

願我們在理解厚黑之後，更能知道何時該用它保護自己，何時該卸下它讓關係流動。真正的成熟，是你能厚黑，但選擇不傷人；你能算計，但更願意相信。

第二章
誰在使用厚黑術？
——厚黑人格與人際戰術圖譜

第二章　誰在使用厚黑術？──厚黑人格與人際戰術圖譜

第一節　魅力型騙徒：
黑暗三角（自戀、操控、反社會）的職場面貌

他們有禮貌、有魅力，但你總覺得哪裡不對

他總是第一個出現在會議現場，笑容可掬、穿著得體，面對主管時他溫順聽話，對同事則時常主動提供協助。每當他說：「交給我處理」，你會感到如釋重負，覺得這人值得信賴。但幾週後你發現，某項任務他「協助」處理過的人，意見被扭曲，功勞被轉移，甚至他不動聲色地把你排除在升遷候選名單之外。

這不是電影劇情，而是現代職場中越來越常見的現象：黑暗三角人格在厚黑文化中如魚得水，成為操控關係與奪取權力的魅力型騙徒。

黑暗三角是什麼？三種特質的厚黑共謀

上一章提及，由心理學家德羅伊・保羅斯與凱文・威廉斯於 2002 年提出的「黑暗三角人格」（The Dark Triad）理論，結合了自戀、馬基維利主義與精神病傾向三種特質，是當代人格心理學中針對有害人格特質最具代表性的理論架構之一。

- 自戀（Narcissism）：自我中心、需要被崇拜、極度重視形象與成就感。

- 馬基維利主義（Machiavellianism）：精於操控、策略性思維強、冷靜計算、缺乏倫理顧慮。
- 反社會人格（Psychopathy）：情緒冷漠、缺乏同理心、行為衝動、對他人傷害無愧疚。

這三者並不完全相同，但常常在某些人身上交織出現，尤其在權力導向、競爭激烈且缺乏倫理規範的場域中，如企業高層、政治圈、甚至非營利組織的決策核心。

這些人格特質者常以「魅力型領袖」形象出現，擅長操弄團隊情緒、建立假性信任網絡，並在外部展現高效率與果斷決策，內部卻種下不信任、壓迫與邊緣化的毒瘤。

自戀型厚黑：永遠在舞臺正中央

自戀型厚黑者具有以下特質：

- 極度追求成就與外在認可
- 無法接受被忽視，總想成為焦點
- 習慣性將錯誤推給他人
- 對他人成功心生妒意，卻偽裝成鼓勵
- 無法接受批評，會將批評者標籤為「負面、情緒化」

職場上的自戀型厚黑者，擅長在主管面前表現積極主動，卻私下指揮他人完成任務，並在報告中將功勞歸於自己。當他受到質疑時，會反過來用話術說「是我沒講清楚」、「可能是你誤會了」，成功將焦點轉移。

第二章　誰在使用厚黑術？──厚黑人格與人際戰術圖譜

他們的語言風格華麗動人，擅長使用肯定式語句包裝操控：「我們都是一家人」、「你最懂我需要什麼」，實則在建立「我幫你，你欠我」的人際債務。

馬基維利式厚黑：計算而不動聲色

馬基維利主義者與自戀者的最大差異在於，他們不需要崇拜，只要控制。

他們的特質包括：

- 擅長說服與操作人際網絡
- 重視權力分配與資訊掌握
- 對制度極為敏感，懂得利用灰色地帶操作利益
- 表面服從，實則暗中影響決策

這類厚黑者不是高調搶功的人，而是那種永遠不講真話、講話繞三圈、讓你無法拆穿他動機的人。他可能會說：「我只是聽別人這樣說，不知道真假」、「我不方便說太多，但你自己要小心」，表面上提供資訊，實則投下懷疑種子。

他們精於「邊界模糊」戰術，不明講、不擔責、讓人搞不清楚到底是他害你，還是你自己誤判。而這一切操控，是精準冷靜地計算出來的。

反社會型厚黑：掠奪而不眨眼

反社會型人格最令人不安之處在於：他們沒有情感連結，也不感到愧疚。當他們進入厚黑模式時，目標明確，就是操控、壓制、毀滅競爭者，取得資源與優勢。

其特徵包括：

- 明知對方會受傷，仍選擇傷害；
- 高風險決策者，視他人安危為無物；
- 說謊不帶情緒，反應迅速、不留痕跡；
- 喜歡挑動人與人之間的矛盾來轉移焦點。

這類厚黑者常在職場危機時現身，迅速扮演救世主角色，讓人誤以為他是「穩定力量」。但其實他是製造混亂的推手，且全程冷靜觀察局勢，計算何時下手能讓自己利益最大化。

這類人若獲得高層信任，組織便會陷入高壓、缺乏信任與高離職率的惡性循環。

真實案例：當「總是說對的話」的人其實是職場破壞者

某大型連鎖企業內部人資部門揭發一名高階經理長期「暗中操控團隊」，以私下挑撥、交叉施壓方式瓦解下屬互信。該經理表面上和善，對上對下都說得體話語，但實際上讓部門績效下滑、氣氛緊繃，連續六位資深員工主動離職。

當他被要求說明時，他反應平靜：「我不知道為什麼他們會離開，我只知道我一直努力在維持團隊的氣氛。」這類語句讓高層難以對他定罪，

第二章　誰在使用厚黑術？─厚黑人格與人際戰術圖譜

因為他沒有直接攻擊任何人，卻構成一種結構性的操控與關係消耗。

事件發生後，公司才開始聘請外部心理顧問協助建立人際文化觀察指標，並制定反操弄行為準則。

為什麼我們容易被這些人吸引與信任？

心理學指出，人們往往會將魅力、表達能力、效率與自信視為領導者特質。但這正是黑暗三角人格擅長的偽裝。他們知道你想聽什麼、想看到什麼，於是用你期待的樣子包裝自己。

這叫做角色型社會演出，由社會學者高夫曼提出。他認為人在不同社會位置中會採取不同角色，而黑暗三角人格者則是過度演出角色，並將其變成操控工具。

你信任他，不是因為他誠實，而是因為他演得像你理想中的「誠實」。

如何辨識魅力型騙徒的厚黑模式？

以下是心理學家建議可觀察的五項指標：

(1) 過度使用「我們」、「團隊」但決策高度集中；
(2) 會稱讚你，但同時讓你對其他人產生敵意；
(3) 對批評反應過度，且會「反攻」質疑者；
(4) 關係中總是模糊責任，不明確說明自己立場；
(5) 明明是自己得利，卻讓你覺得是你「選擇」的。

第一節　魅力型騙徒：黑暗三角（自戀、操控、反社會）的職場面貌

職場不缺有手段的人，但缺能看清手段的你

　　魅力型騙徒並不全然邪惡，他們有時也是在權力結構下的產物。然而，若我們不理解黑暗三角人格的運作原理，便無法分辨何為策略、何為操控、何為病態。

　　職場需要謀略，但不該建立在扭曲、欺瞞與冷漠之上。真正成熟的主管與同事關係，是建立在透明、誠實與心理安全之上的。而我們唯一的武器，就是識破與自保的心理覺察力。

第二節　你身邊的厚黑人：
表演型、操控型、迴避型人格的厚黑展現

厚黑不是一種人，而是一種「人格傾向」

在多數人的印象中，厚黑是極端的，是那種權謀高手、冷血無情的人。但實際上，厚黑是一種可以在人格底層中隱約存在、根據環境強化、甚至被社會獎勵的心理傾向。

從現代心理學角度來看，厚黑不僅是一種策略性行為，更常呈現為特定人格特質在不健康社會結構下的表現型。本節將厚黑人格粗略分為三種：

- 表演型厚黑：以吸引關注、打造形象為手段，透過情緒與戲劇表現博取人心。
- 操控型厚黑：以隱性手段控制他人、操弄資源，偏好掌控關係結構。
- 迴避型厚黑：看似低調無害，實則以退為進，迴避責任與衝突以保護自身利益。

這三種並非對立類型，而是在不同脈絡下呈現的厚黑應對模式。掌握這些模式的心理輪廓，有助我們更敏銳地辨識身邊的厚黑行為，也幫助我們察覺自己是否不知不覺地「染黑」了。

第二節　你身邊的厚黑人：表演型、操控型、迴避型人格的厚黑展現

表演型厚黑：光環背後的情緒編導者

核心特徵：

- 喜歡吸引注意與誇讚
- 強烈塑造自我形象與社會角色
- 情緒表達強烈、有戲劇性
- 經常自我美化、扭曲事實以符合劇本
- 容易將人際關係「戲劇化」

這類人在人前總是光鮮亮麗，擅長說話、擅長引起共鳴，懂得在適當時機流淚、示弱、賣故事，讓人忍不住想同情、想協助。

但問題在於：這些情緒與形象不一定反映真實，只是達成控制人際動態的手段。心理學中稱之為「表演型人格特質」，多見於社交情境需求高的職場，例如媒體、公關、創意產業或校園中人氣強調的領域。

案例分析：溫柔女主管的情緒劇場

某外商公司的品牌經理曾因其「高度同理、關懷下屬」獲得員工高度評價。她常在會議中主動關心下屬狀況，語氣溫柔。然而，當部門績效不佳時，她卻在全員面前情緒崩潰，說自己「一個人承受全部壓力」，成功轉移團隊對其決策失誤的批判焦點。

在事後調查中發現，她實際上私下操作績效報告數據、美化簡報，並將多項決策失誤歸咎於資深員工未配合，讓數名優秀員工憤而離職。

表演型厚黑者擅長用情緒建立親密假象，卻以形象維護作為操控基礎。他們不是最冷血的，但最擅長讓你感覺「我欠他」。

第二章　誰在使用厚黑術？—厚黑人格與人際戰術圖譜

操控型厚黑：關係棋局中的操盤者

核心特徵：

- 強烈控制欲，習慣性介入他人選擇
- 擅長「提點」、「提醒」、「建議」但實為控制行為
- 熟悉人際網絡的運作與漏洞
- 常利用資訊不對稱製造依賴與掌控感
- 對反抗極敏感，會進行情緒懲罰

這類厚黑者並不常高聲說話，但話語中充滿框架與陷阱。例如他會說：「這個案子你來帶比較穩，雖然有點難，但我相信你。」看似肯定，實則推責；又或說：「其實很多人對你最近的表現有些擔心，我也不好多說。」看似提醒，實則製造不安。

這類人格與馬基維利主義人格傾向有高度關聯，心理學上他們通常具有較高的認知能力與社會理解力，但同理心少，主要在人際關係中追求權力與優勢。

案例分析：交際達人的無聲封鎖

某設計公司團隊中，一位資深專案主管經常在私下指導新人，協助協調與不同部門溝通，表面上是團隊黏著劑。但隨著新人逐漸獲得主管賞識，他便開始散播對其不利的「提醒」，例如：「她很好，但情緒穩定度可能要再提升。」又或者「其實前案有些問題你可能不知道……」。

最終該新人被迫轉調至冷門專案線，資深主管繼續穩坐核心位置。這類厚黑手段之所以難以識破，是因為它極少正面衝突，而多以善意、好心包裝，讓人難以證明其惡意，卻已造成具體後果。

迴避型厚黑：裝低調的高風險迴避者

核心特徵：

- 逃避責任但又不放棄影響力
- 在團體中不明講立場，但私下傳話、觀望
- 表面順從、低調，實則暗中修正局勢
- 喜歡塑造自己為「無辜」的角色
- 怕衝突，但不怕造成混亂

這類人容易被誤認為是「怕事的人」，但實際上他們只是選擇性退後，以保留彈性與安全距離。他們習慣不公開表態，讓決策由別人承擔，但一旦事情有變，就能迅速抽身或轉向。

心理學家稱此為「道德迴避主義」（moral avoidance），即不正面承擔價值選擇，轉而以靜默或順從維持個人利益。

案例分析：永遠不出錯的「邊緣總管」

某科技公司的資深幕僚，向來不參與部門之間的決策拉鋸，對每一方都表示支持。他擁有豐富資訊與資源調配能力，卻從不主動出手。當任何專案出問題時，他總能指出當初早就提醒過風險，或是表示自己「只是配合安排」，從不需為決策負責。

這類厚黑者的可怕在於：他不推你，也不拉你，他只是靜靜地讓你掉下去，然後溫柔地說：「早就知道會這樣」。

第二章　誰在使用厚黑術？—厚黑人格與人際戰術圖譜

三種厚黑的共同特徵：控制關係，逃避責任

雖然表現方式不同，但表演型、操控型與迴避型厚黑者都有以下共同核心邏輯：

- 將人際互動當成資源分配機制
- 將關係管理視為自身價值的保證
- 避免被看穿是最重要的原則
- 絕不讓自己直接承擔風險

他們不是戲劇化的惡人，而是熟練使用人性脆弱、社會潛規則與語言模糊性來包裝自己，形成厚黑的溫柔外皮與冷酷核心。

如何回應這些不同類型的厚黑者？

心理學與溝通實務提供以下策略：

- 面對表演型厚黑者：專注於具體事實與邏輯，不被情緒牽著走，降低對其「苦情訴求」的心理認同。
- 面對操控型厚黑者：設定明確界限，不落入其「說一套做一套」的模糊區，必要時使用第三方記錄工具保障自身立場。
- 面對迴避型厚黑者：適度逼迫其表態，釐清其實際立場與行為責任，避免其「兩面討好」。

第二節　你身邊的厚黑人：表演型、操控型、迴避型人格的厚黑展現

看見厚黑的多樣面貌，是心理成熟的開始

　　厚黑人格不是單一面孔，它可以柔軟、可以隱晦、可以謙卑，但內心卻可能極為堅硬與冷漠。

　　當我們學會辨識這些人格樣貌，就不會再被言語與態度表象蒙蔽。我們能在不失禮、不傷害、不對抗的情況下，選擇與誰親近、與誰保持距離，與誰設限，與誰斷聯。

　　這，就是心理邊界建立的第一步，也是現代人應對厚黑世界的必修課。

第三節　情緒操縱與偽善面具：辨識厚黑的非語言線索

厚黑者最強的武器，不是語言，而是氣氛

你是否有過這種經驗：某人什麼都沒說，卻讓你感到不安、愧疚或壓力山大？或是在對方的微笑中感受到一種無法言喻的距離與冷漠？又或者，明明是輕聲細語的一句話，卻讓你一整天情緒低落？

這不是你太敏感，而是你感受到對方正在使用非語言的方式操控情緒與關係權力。這些人不靠吼叫、不靠威脅，而是透過眼神、肢體、語速、停頓與語調，悄悄主導氣氛與局勢。

厚黑行為之所以高段，往往就在於它不靠言語，而是靠「氣氛設計」。

非語言操控是什麼？心理學怎麼解釋？

非語言操控指的是透過非語言訊息進行心理影響與關係掌控。包含：

- 表情控制與微表情操作
- 身體距離與位置安排
- 聲音高低與語調轉換
- 停頓、沉默、迴避眼神等「間接語言」
- 氣氛設計（用集體情緒或團體氛圍壓制異議）

第三節　情緒操縱與偽善面具：辨識厚黑的非語言線索

根據美國心理學家艾伯特·梅拉賓（Albert Mehrabian）的研究，在傳達情緒與態度時，當語言與非語言訊息產生矛盾時，人們傾向相信非語言訊息：語言內容僅占 7％，聲音語調占 38％，肢體語言占 55％。這也說明為何厚黑者即便話語表面中性，仍可能傳遞出強烈的心理壓力與控制意圖——因為他們的非語言訊息更能操控他人情緒與解讀方式。

面具一：過度一致的微笑 —— 假和善的面部控制

假和善是厚黑者最常見的偽裝。他們的面部表情總是保持禮貌微笑，但這種笑缺乏眼部參與，嘴角上揚、眼神空洞，屬於「社交微笑」（social smile），而非真誠笑容。

美國心理學家保羅·艾克曼（Paul Ekman）指出，真正的微笑會牽動眼部肌肉，特別是眼輪匝肌，使眼角出現細紋；而假笑則僅涉及嘴角的上揚，眼部毫無動作。這種被稱為「杜鄉的微笑」（Duchenne smile）的真誠表情，難以由意識控制。厚黑者往往熟知這項非語言規律，刻意練習控制臉部肌肉，以假笑偽裝友善，營造「我沒有敵意」的印象，進而降低對方警覺，甚至讓對方放棄懷疑，進一步達成操控目的。表演型厚黑者尤其擅長使用這類微笑來博取信任，在外表和善下掩飾操控與自利行為。

案例觀察：

某文創企業總監對外總是溫文儒雅，受訪時談論團隊時不斷微笑，但員工私下反映他一開內部會議就「笑著罵人」，整場會議中用微笑說出最殘酷的話：「這種程度還需要我提醒嗎？」、「你應該知道誰今天拖累大家吧？」

這種「笑裡藏刀」式的厚黑行為，就是典型的面部訊息與語言訊息脫

第二章　誰在使用厚黑術？—厚黑人格與人際戰術圖譜

節所致,讓人聽話時難以反駁、回應時無從著力。

面具二:語氣與語調的「階層化操控」

厚黑者擅長使用聲音掌控人際關係。這包括:

- 語速快:製造氣勢與主導感,壓縮對方反應時間。
- 聲調高而柔:假裝關懷,實則輸出命令。
- 忽快忽慢:製造節奏不穩,打亂對話節奏讓對方混亂。
- 句尾音下降:形成不容反駁的命令口吻,即使說的是建議。

這些語調與語速變化,讓厚黑者得以塑造「我只是表達意見」的姿態,但實際上已將對話主導權奪走,讓對方只能接受。

案例分析:

某大學行政主管在處理學術資源分配時,以「我們先聽聽看你的建議」開場,語速緩慢、聲音低沉。但當對方提案後,他立即提高語速、語調轉高:「所以你的意思是,要讓這群學生承擔風險?這你能保證後果嗎?」語調轉換瞬間改變現場氣氛,使得提案者無法接話,只能默默點頭退場。

這不是批評,而是一場語言霸權的非語言執行。

面具三:沉默與拖延 ──「話沒說完」的控制術

在心理學中,沉默不代表中立,有時甚至比語言更具壓力。厚黑者

第三節　情緒操縱與偽善面具：辨識厚黑的非語言線索

經常使用「話說一半」或「沉默凝視」作為壓迫工具。

- 沉默可以施壓：讓對方在空白中自行解釋或懷疑自己。
- 拖延可以施權：將控制權留在自己手上，不給明確回應。
- 半說不說則製造心理張力：讓對方反覆猜測意圖，陷入不安與討好。

案例分析：

某家新創的資金會議中，執行長面對合夥人的問題時，先是一段長時間沉默，接著低聲說：「這件事，我需要時間想一想。」沒有說不，也沒有說好。幾日後，他未再提及此事，卻在公司內部聲明：「某些人不理解風險，讓我很失望。」

這種沉默加拖延的厚黑話術讓對方無法應對，既無法反擊，也無從辯解。

面具四：集體氣氛的控制者 —— 厚黑者的「氛圍策略」

厚黑者若具高社會技巧，會不直接與你對話，而是塑造整個團體的氛圍來對付你。

- 散播負面情緒：「這次案子讓很多人不安。」
- 暗示集體不滿：「大家其實都有點意見。」
- 誘導團體排擠：「你也覺得他最近怪怪的吧？」
- 營造榮辱連動：「我們是一體的，不要拖大家後腿。」

第二章　誰在使用厚黑術？──厚黑人格與人際戰術圖譜

這是社會心理學中的集體認同操控，透過群體壓力改變個體選擇，使人為了「不被討厭」而選擇妥協。

案例觀察：

某非營利組織的高層幹部，在新成員提出財務改革意見後，未正面反駁，而是多次在內部會議中表示：「其實大家對現在的運作方式也沒太多意見，不要讓團隊太辛苦。」接著在茶水間說：「他還年輕，想法比較衝，我們多包容一點。」

幾週後，該新成員主動退出改革計畫。整件事沒有衝突、沒有辱罵，但厚黑者已達成目標：維持現狀、邊緣異議、消滅挑戰。

如何拆解厚黑者的非語言武裝？

厚黑的非語言行為因其含蓄與難以指證，特別難以對抗。但以下幾種方法可以逐步拆解其影響力：

- 鏡像觀察法：觀察對方說話時表情與語氣是否一致，有無「語意與語感矛盾」。
- 環境語境比對：同一人面對不同對象是否有明顯態度差異？是否在特定場域特別操控氣氛？
- 言語空白補全法：將對方未明說的內容用具體語言表述出來，反將話語權收回。
- 集體真實對話：跳脫厚黑者塑造的「非公開氣氛」，在安全空間裡還原事實脈絡。
- 建立回饋文化：透過團體設計讓非語言壓迫無法單方發酵，建立雙

向檢核與支持。

厚黑者藏在「語言之外」

真正高明的厚黑者,不靠大話,而是靠語調、靠表情、靠沉默、靠氣氛。他們說的話沒有惡意,但氣氛會讓你懷疑自己。他們的笑容不傷人,但背後沒有人能笑得出來。

面對這樣的操控,我們不能只靠耳朵,而要用整個感知系統去觀察、理解、設界與自保。心理成熟的特徵之一,就是學會看懂那些未被說出來的話。

第二章　誰在使用厚黑術？──厚黑人格與人際戰術圖譜

第四節　溫柔的攻擊者：
情緒勒索、煤氣燈效應與逆向同情操作

不是每個厚黑者都強勢，有些人用「軟」的手段控制你

在一般人的印象中，厚黑者往往是權力強勢、語言銳利的角色──他們指揮你、責備你、踩著別人往上爬。但有一類更難察覺、更具破壞力的厚黑者，他們不罵人、不發火，反而總是用一句「我都是為你好」或「我真的很難過」讓你陷入內疚、混亂與退讓。他們的攻擊不靠拳頭，而是靠情感的牽引與認知的轉向。

這類厚黑者運用的不是外在威權，而是情緒勒索、煤氣燈效應與逆向同情操作。他們的武器是溫柔、沉默、悲傷與無辜，但每一個策略，都是讓你懷疑自己、失去界限，最後服從他們的意志。

什麼是情緒勒索？用情感綁架你做決定

美國心理治療師蘇珊・佛沃（Susan Forward）提出「情緒勒索」（emotional blackmail）這一概念，用以描述親密關係中，一方以恐懼（fear）、義務（obligation）與罪惡感（guilt）為工具，操控他人的行為與情緒。這種操控關係通常伴隨模糊的界限與長期的情感依賴，使被勒索者難以辨識或擺脫控制，進而陷入內疚與自我懷疑的心理困局。常見語句如：

第四節　溫柔的攻擊者：情緒勒索、煤氣燈效應與逆向同情操作

- 「如果你真的在乎我，就不會這樣做。」
- 「我這樣都是為你好，你怎麼可以這樣對我？」
- 「要不是你，我也不會變成這樣。」

這些語言把「錯」轉嫁給對方，把自己包裝成受害者，讓你不斷自責、內疚，進而改變決策方向與行為方式。這種厚黑操作特別常出現在親密關係、家庭、同儕甚至上下屬關係中。

案例分析：情緒勒索下的團隊解體

臺灣某藝術團隊成員因不滿創辦人長期未公平分配資源，私下與其他成員討論改善方式。不久後，創辦人發現並未正面回應，而是在公開會議中哽咽表示：「這些年我把你們當家人，你們卻背後這樣對我，我是不是應該離開？」

整個團隊陷入情緒低氣壓。原本欲提出改善建議的成員轉為道歉，並主動提出不再要求變革。創辦人未明言控制行為，但透過情緒表達、暗示背叛與自我受傷，成功讓異議被「情緒正當化」掩蓋，這正是典型的情緒勒索厚黑術。

煤氣燈效應：讓你懷疑自己記憶與理智

煤氣燈效應（Gaslighting）是指一種操控手法，使受害者逐漸懷疑自己的感受、記憶與理性，進而依賴操控者的解釋，喪失自我判斷能力。

厚黑者使用煤氣燈效應的方式通常隱微而反覆，語句特徵如下：

- 「你是不是太敏感了？」
- 「你記錯了吧，那天我明明說過。」

- 「你現在講的話很奇怪,之前你不是這樣說的。」

當這類語句反覆出現時,即使你一開始有信心,最終也會懷疑自己是否搞錯、是否想太多、是否誤解了對方。

煤氣燈的厚黑技術不是一次擊倒你,而是反覆折磨,讓你最後主動交出自我判準與心理邊界。

案例分析:主管的「溫柔顛倒術」

某銀行部門經理在團隊內一向以「溫和耐心」著稱,但多名員工反映:「每次溝通完都會質疑自己是不是問題最大的人。」

一位員工曾提出流程問題,主管當下微笑回應:「我記得當初是你建議這樣做的啊,我才照你的意思進行。你現在怎麼會這樣說?」

事後回顧紀錄,發現並非如此,但在當下氛圍下,該員工已選擇道歉。主管沒有責備、沒有怒氣,卻透過語言顛倒與記憶模糊讓員工懷疑自己並默默讓渡權力。

逆向同情操作:把「受害者」變成攻擊者

反向同理心操作(reversed empathy)是一種心理投射手法,厚黑者將自己的脆弱包裝成無辜,將對方的防衛反應詮釋為「冷酷」、「無情」或「反應過度」,進而強化自己的道德優勢與情感掌控力。

這類厚黑術常見於:

- 父母:「我老了、沒人理了,你怎麼能頂嘴?」
- 伴侶:「我說兩句你就要離開,你是不是早就不想要這段關係了?」
- 上司:「我只是提醒你,怎麼現在變成我有問題了?」

第四節　溫柔的攻擊者：情緒勒索、煤氣燈效應與逆向同情操作

厚黑者透過「自己受傷」的劇情設定，壓制他人的情緒邊界與自我保護行為，讓對方為了不成為「壞人」而自願服從。

案例分析：導師的情感戲碼

某設計學校一位資深導師，對學生極其關心，私下經常分享過往經驗、主動協助。但當學生提出不同風格想法時，導師會輕聲說：「我也是花了很多心血在你身上，你現在完全不考慮我的建議，其實讓我滿心寒的。」

學生因此收回意見，改為導師所喜歡的風格。導師沒明講強迫，卻透過「我受傷了」這種逆向同情設計，讓對方變成心理上的加害者，最終導致自我審查與創意受限。

為何這類厚黑者難以辨識與對抗？

溫柔型厚黑者的高明之處，在於：

- 他們從不直接命令你，而是讓你自己選擇，但其實選項已被限定。
- 他們從不辱罵你，反而以「悲傷、無助、道德訴求」讓你內疚。
- 他們說的每句話都合理，但整體氛圍卻讓你逐漸消耗信心。
- 他們人緣極好，善於社交，因此一旦你提出質疑，很可能反被視為「太敏感、太激烈、不成熟」。

這種「結構性情感壓制」比言語霸凌更難揭穿，因為它不靠強迫，而靠心理暗示與倫理挾持。

第二章　誰在使用厚黑術？—厚黑人格與人際戰術圖譜

如何保護自己不被「溫柔厚黑」吞噬？

心理學與溝通實務提供以下策略：

(1) 寫下對話紀錄與事件時間軸：有助於檢視是否遭遇煤氣燈效應。
(2) 釐清感受與事實的分離：「我覺得愧疚」≠「我真的做錯了」。
(3) 建立第三方真實性對話網絡：找可信賴對象確認你經歷的是否合理。
(4) 設立回應腳本：預備好在壓力情緒下仍能清楚說出自己的界限。
(5) 例如：「我理解你現在很難過，但這不是我能為你承擔的責任。」「我會聽你的感受，但不等於我要照你的方式處理。」

練習移情但不共罪：理解他人脆弱，卻不讓自己背上情緒債務。

看見溫柔的厚黑，是現代人的基本修煉

溫柔不代表善意，沉默不等於中立，情緒不必然真實。面對那些「話說得溫和、眼神楚楚可憐、語句合乎邏輯」的人，我們要問的不是「他在說什麼」，而是「我為什麼因此覺得自己做錯了？」

辨識厚黑的下一個層次，不是看他有多惡，而是看我們在不知不覺中讓出了多少界限、合理化了多少不合理、說服了自己放下懷疑。

理解這些心理操弄方式，是為了保護我們的感受不被挾持，讓我們能溫柔但堅定地說出：這不是我的責任。

第五節　利益交換型人際觀：厚黑者如何界定人與人之間的「值」？

在厚黑者眼中，人不是朋友，而是「籌碼」

厚黑者的世界觀裡，人際關係並非情感交流的舞臺，而是一場無聲的交易。他們衡量一個人是否值得親近、合作、信任、捧場，並不是基於信念或情誼，而是根據對方能不能產生實際效益、是否具有「價值」。

你可能是他口中的「兄弟」，也可能是他眼裡的「工具」。一旦你不再提供資源、保護、資訊、情緒支持，你的位置便會被重算、邊緣、乃至拋棄。

這不是想像，而是厚黑邏輯中利益交換型人際觀的真實運作。

心理學理論依據：社會交換理論與工具性互動

社會交換理論（Social Exchange Theory）由社會心理學家約翰・蒂伯（John W. Thibaut）與哈羅德・凱利（Harold H. Kelley）於 1959 年共同提出，主張人際關係的建立與維繫，是基於個體對報酬（rewards）與成本（costs）的理性評估。當人們認為一段關係所帶來的心理、情感或物質報酬大於所付出的代價時，便會傾向維持此關係；反之，若成本過高而報酬不足，則可能選擇終止或尋求替代關係。此理論也強調「比較水準」與「替代選項」對人際決策的關鍵影響。在此理論框架下，個體傾向選擇那

第二章　誰在使用厚黑術？──厚黑人格與人際戰術圖譜

些能帶來更多利益、或成本較低的互動關係。

在健康人際中，這種交換是動態且非功利性的，例如：

- 「你幫我一次，我未來會記得。」
- 「你雖然沒給我好處，但我喜歡跟你互動。」

但在厚黑者身上，這種交換模式會演變為高度功利導向，出現以下特徵：

- 不會主動維持關係，除非有利可圖；
- 不對情感投資，只對功能依附；
- 會根據對方權力、資源、網絡「估值」其人際地位；
- 對「無用」之人表現冷淡、敷衍甚至敵意。

簡言之，在厚黑者眼中，你不是「你」，而是你身上可利用的功能組合。

案例一：熱情背後的價碼清單

某公關公司專案經理，以人脈廣、交際手腕佳著稱。他經常在社群媒體分享與政商名人合照、出席場合心得，看起來交友廣闊、人緣極佳。

但在一次內部會議中，當討論是否要與某新創品牌合作時，他語氣突然轉冷：「這間公司老闆沒什麼資源，我們投他幹嘛？」

他進一步透露自己會主動幫助有「交換價值」的客戶，例如媒體曝光率高、政治連結強、形象穩定者，其他則「能躲就躲」。

第五節　利益交換型人際觀：厚黑者如何界定人與人之間的「值」？

這種厚黑型人際策略，把關係視為投資組合，並將情感行動轉換為資本運作。朋友不是朋友，是資源。

案例二：升遷之後變了的人，真的變了嗎？

某科技公司部門主管於升遷前與下屬關係良好，常主動幫忙、聆聽並維持友善互動。但升遷後，他不再參與部門聚餐，交辦任務時態度明顯轉變，甚至對曾協助其升遷者表現冷淡。

面對質疑，他僅淡然回應：「我現在的位置不一樣了，要看的層次不同。」

其實，他並不是變了，而是早已將人際關係視為通往目的的工具。一旦不再「需要」，他便自動切斷連結，這種操作即為典型的厚黑式人際切割策略。

厚黑者的人際價值演算法：三種「估值邏輯」

厚黑者如何估算一個人的人際價值？心理學研究與實務觀察顯示，他們常透過以下三項準則：

1. 權力地位（status-based valuation）

你的職稱、頭銜、影響力，是否能幫他打開新的人脈與資源門戶。

2. 回報潛力（reciprocal utility）

幫你一次能否換來好處？你是否會「欠情」、是否懂得回應與「做人」？

3. 依賴度（dependence leverage）

你是否依賴他提供的東西？例如資訊、推薦、保護。他們越被依賴，越有操控空間。

這些標準讓厚黑者能快速分類、調整態度，建立階層式人際系統，把人視為投資報酬率不同的資產。

厚黑人際觀下的語言特徵

當你聽到以下語言模式時，很可能就是遇上利益交換型厚黑者：

- 「我幫了你這麼多，你要記得我是挺你的。」
- 「這件事我可以出面處理，但你要懂得做人。」
- 「你現在這樣做，以後大家誰還敢幫你？」
- 「我不是不幫你，只是你這樣對我，讓我很難辦。」

這些語句不談原則、不講事實，只講「你對我有沒有用」、「你值不值得我花力氣」、「你有沒有給我好處」。

他們操作的不是價值，而是關係的等價交換機制。

為什麼這種厚黑行為會被默許甚至鼓勵？

原因有三：

- 當代社會高度功利化：績效導向、產能壓力、短期成果被過度強調，使得以結果為導向的人際操作變得「合理」。

第五節　利益交換型人際觀：厚黑者如何界定人與人之間的「值」？

- 「EQ」被誤用為手段而非品格：厚黑者往往語言得體、姿態圓滑，容易被誤解為「情緒管理好」或「人際高手」。
- 報酬導向的職場文化：當一切關係都指向「能不能升遷、能不能簽單、能不能上新聞」，人就會被簡化為「功能性角色」，厚黑者反而成為模範。

如何在這樣的文化中不被厚黑價值論吞噬？

- 釐清自己的價值標準：你是否也不知不覺用「有用無用」看人？什麼是你人際判斷中不可妥協的因素？
- 拒絕參與不等價互惠：不把情感、信任、誠意投入給只視你為「工具」的人。
- 練習「先確認再答應」：當對方開始強調「人情」、「幫忙」、「以後你也會需要我」時，放慢腳步，問清楚他的真正期待與條件。
- 讓對方知道你有原則：厚黑者怕碰到有界限、不好操作、不怕說「不」的人。不是冷漠，而是清楚。

拒當「有用」的人，也要成為「值得」的人

厚黑者看人只看價碼，沒價值就消失，有價值就靠近。這樣的世界觀雖能帶來短期效益，卻會毀壞人際信任的長遠根基。

在這樣的厚黑世界中，我們要學會的是：拒絕只當別人的「資源」，更要做一個值得被尊重、有信念、有價值的人。

第二章　誰在使用厚黑術？──厚黑人格與人際戰術圖譜

當我們開始辨識「我被看作什麼」與「我想成為什麼」，我們才有可能從厚黑的操控邏輯中脫身，建立不依靠功能、不以利益衡量的關係。

這，不只是反厚黑，更是建立自己人生關係主體性的第一步。

第六節　為何高 EQ 也會變成厚黑工具？從情緒感知到算計運用

高 EQ，不一定代表高品格

當代社會幾乎將「高 EQ」當成一種讚美的代名詞，從職場升遷、校園人際，到兩性關係，彷彿擁有高 EQ 的人就能遊刃有餘、處事圓融、無往不利。但很少人發現，EQ（情緒商數）本身只是一種能力，一旦缺乏倫理框架，它也能成為厚黑者手中最銳利的工具。

厚黑者之所以可怕，不在於他們無情，而在於他們懂情。他們能精準感知你的情緒、辨識你的情感需求，甚至比你自己還清楚你此刻在意什麼。而這些資訊，一旦被運用來服務「操控」與「利益交換」，便不再是情緒智慧，而是情緒戰術。

情緒商數四大構面：掌握他人 vs. 操作他人

美國心理學家丹尼爾・高曼（Daniel Goleman）將情緒商數（emotional intelligence）區分為五大構面，其中有四項與人際互動密切相關：

- 自我覺察（Self-awareness）：了解自己情緒
- 自我管理（Self-regulation）：掌控情緒衝動
- 社會覺察（Social awareness）：理解他人感受，包含同理心
- 關係管理（Relationship management）：影響、激勵、引導他人

第二章　誰在使用厚黑術？—厚黑人格與人際戰術圖譜

健康的高 EQ，強調在同理與誠意中建立良好關係；但厚黑式高 EQ，則將第 3 與第 4 項轉化為操作技巧：

- 社會覺察變成「情緒偵測雷達」：快速辨識他人脆弱處與情緒轉折，預判下一步行為。
- 關係管理變成「策略性操控」：知道何時讚美、何時沉默、何時示弱，達成支配或換取利益的目的。

這些手段在外觀上與高 EQ 無異，甚至令人稱讚，但本質已偏離「尊重與同理」的初衷。

案例分析：人見人愛的總機「女神」

某科技新創公司的行政助理，在員工之間有極高的人氣，外型亮眼、笑容可掬，總是能記得每位同事的喜好與習慣，遇到情緒低落的同事會立刻關心：「你今天怎麼不太說話？需要聊聊嗎？」

然而在一次內部晉升競爭中，她卻私下向主管透露：「其實某某某最近狀況不穩，團隊內部對她也有些聲音，雖然我不想說，但⋯⋯」

這些私下意見最終影響主管決策，而她成功升任資深職員。事後有人詢問她是否說了什麼，她微笑回應：「我只是提供一些觀察，決定不是我做的。」

她的行為未違反任何規則，語言始終得體，甚至符合高 EQ 的溝通模式。但實際上，她將情緒敏感度轉化為社交籌碼，並以算計取代同理，完成一場低調卻高效的厚黑操控。

第六節　為何高 EQ 也會變成厚黑工具？從情緒感知到算計運用

為什麼情緒敏感者容易變成「高段厚黑者」？

- 他們能感知他人需求：知道什麼時候給溫暖、什麼時候讓人愧疚。
- 他們擅長控制自己表達：面對壓力能保持鎮定，反而讓別人顯得情緒化。
- 他們懂得用語言軟化衝突：但軟化不等於平衡，而是掩蓋真實問題。
- 他們善於建立「債務關係」：藉由幫助、安慰、協助，讓對方對其產生人情負擔。
- 他們精於結構性迴避責任：錯不落在他們身上，但局勢已按他們設計運轉。

這些行為本身並不違法、也不明顯違德，但當其目的並非關懷，而是「支配」、「累積人情債」與「換取利益」，那麼它就已從高 EQ 變質為高段厚黑術。

EQ 的正面功能何時被「黑化」？

情緒商數變成厚黑工具，往往出現在以下情境：

- 制度缺乏監督與回饋：沒人檢視動機與過程，只重視表現與關係。
- 誠實被視為冒犯，圓滑被視為成熟：使人被迫走向高 EQ 包裝與控制模式。
- 競爭激烈而界限模糊的職場與人際場域：讓人學會「必須先算人，才能不被算」。
- 人情網絡重於制度機制的組織文化：讓「情感操作」比能力更有效。

第二章　誰在使用厚黑術？──厚黑人格與人際戰術圖譜

厚黑 EQ 的語言與行為線索

若你觀察到以下語言或互動模式，需提高警覺：

- 「我不是說你不好，但你這樣讓大家壓力也很大。」（間接責任轉移）
- 「我沒有別的意思，我只是提醒你。」（話語合理化包裝）
- 「如果你不方便，那我也不勉強，只是以後可能很難再合作了。」（隱性勒索）
- 「我知道他今天很衝，但他壓力很大，大家就體諒一下吧。」（情緒合理化偏袒）

這些語言看似成熟、寬容，實則暗藏立場操控與情緒框架重塑。

如何辨識真正健康的情緒商數？

真正高 EQ 的人，具備以下心理特質：

- 感知情緒但不利用情緒：能感應他人情緒變化，但不將其作為達成目的的工具。
- 願意展現脆弱，建立真誠互動：不把關係建築在「我幫你你就欠我」的情感交易上。
- 以尊重與協商代替操控與暗示：重視對方意願與界限，而非引導對方做出「對我有利」的選擇。
- 將情緒管理視為「共同安全」而非「個人優勢」：幫助團體維持穩定，而不是累積人情戰績。

建立防衛與自保：情緒算計的心理免疫力

若你在生活或工作中遇到善用 EQ 進行厚黑操作的人，可以採取以下心理策略：

- 不被語氣與情緒包裝牽著走：看懂語言背後的目的，而非只聽語句表面。
- 勇於表達自己的感受與界限：即使對方看起來溫和，也要說明自己的立場與限度。
- 詢問具體行為，不落入情緒解釋：「你說大家覺得我不好，是哪一件事？誰說的？」
- 檢視自己的互動動機：是否出於人情壓力或道德內疚？是否習慣被高 EQ 者情感牽制？

高 EQ 不是萬靈丹，缺乏道德就是武器

高 EQ 是好事，但若沒有誠信與同理，它可能比粗暴更具傷害力。因為它讓人卸下防備、讓人自我懷疑、讓人感覺「是自己想太多」，進而讓厚黑者操作得以無聲無息地進行。

真正的成熟，不是把自己武裝成完美的高 EQ 機器，而是能在理解情緒的同時，選擇尊重、理解與誠懇互動。懂得情緒，但不利用情緒；掌握人心，但不操弄人心──這才是高 EQ 的真正修養。

第二章　誰在使用厚黑術？──厚黑人格與人際戰術圖譜

第七節　厚黑不總是惡意？同理心缺席與社會化斷裂的心理剖析

不是每個厚黑者都是壞人，有些只是「不懂」

當我們談到厚黑時，許多人的第一反應是：「這人怎麼這麼心機」、「這麼會算計真可怕」。但在心理學的角度，有一種厚黑者其實並非存心不善，而是因為其心理發展過程中缺乏某些關鍵能力，導致他們無法適當理解他人的感受，也難以建立內在倫理感。

他們不見得懷有惡意，卻因為無法站在他人立場思考，容易做出傷人卻不自知的行為。他們說話不顧對方感受、處事只管效率、爭功不知讓步、卸責時毫無歉意──這些厚黑行為可能來自「同理心的缺席」與「社會化的中斷」，而非蓄意操控。

同理心是什麼？為何有人「天生欠缺」？

同理心（Empathy）是一種感知與理解他人情緒狀態的心理能力，主要分為兩類：

- 認知同理心（Cognitive empathy）：理解他人正在經歷什麼。
- 情感同理心（Affective empathy）：感受到他人所經歷的情緒。

第七節　厚黑不總是惡意？同理心缺席與社會化斷裂的心理剖析

兩者分別涉及不同的神經路徑，但在有效的人際溝通與社會互動中缺一不可。部分心理學者也進一步提出「關懷性同理心」（compassionate empathy），強調將同理心轉化為實際的助人行動。正常發展中的兒童會在約2歲出現基礎的情感同理，在4～5歲左右開始具備「心智理論」（Theory of Mind），也就是能理解他人擁有與自己不同的情感與想法。若在此階段發展受阻，可能導致日後在互動中出現厚黑傾向 —— 不是他不想體會你的難處，而是他真的「看不到」、「感覺不到」。

心理學研究也指出，自戀型人格者、亞斯伯格症候群者、邊緣型與反社會型人格傾向者，皆可能表現出低度同理行為。但這並不等同於「他們是壞人」，而是其情緒感知與倫理內化系統尚未健全。

社會化中斷：沒有學會「關係裡要顧慮他人」

社會化（Socialization）是指個體透過與家庭、學校、群體互動，內化行為規範、價值信念與倫理準則的歷程。如果在此歷程中：

- 父母不教導情緒表達與他人觀照
- 學校只重視成績與表現，不強調合作與反思
- 社會鼓勵勝出而非共榮
- 受挫經驗無從處理，只學會「躲起來」或「怪別人」

那麼個體就可能發展出一種「人際工具觀」：別人不是關係的對象，而是生存策略中的變數。

這種人可能會說：

- 「做人要現實一點。」

第二章　誰在使用厚黑術？──厚黑人格與人際戰術圖譜

- 「你不先算人，就會被人算。」
- 「情緒是軟弱，先把事做完比較實在。」

這些語言反映的不是主動壓迫，而是缺乏處理關係衝突的工具與心智模型。久而久之，厚黑行為就成了最安全、最可預測的人際防衛方法。

案例分析：不懂為何被討厭的「績效王」

某廣告公司資深業務，因長期業績優異獲得高層重用。但在部門內部，他經常插手同事簡報、打斷會議發言、搶走原屬他人提案。他從不在乎誰不高興，還反問：「我幫大家把事情做成，有什麼不對？」

在一次360度評鑑中，他收到最多的批評是「不懂尊重」、「剝奪感強烈」。他卻憤怒地說：「我從頭到尾都只是想讓團隊成功。」

事後公司聘請教練輔導，發現他從小在單親家庭成長，父母忙於生計缺乏親密互動，他從未被教導何為「適當互動」，更不明白「尊重他人貢獻」是關係中不可忽視的一環。

他的厚黑行為並非出於自利，而是因為他只學會了「事情要完成」這一項標準。

冷漠不是罪，但要有人教他溫柔是什麼

心理學者馬歇爾·羅森堡（Marshall Rosenberg）曾指出：「暴力往往來自語言的匱乏。」厚黑者若從未在家庭或學校中學會怎麼用語言表達關懷、怎麼說出「你怎麼看這件事？」「你覺得我哪裡可以調整？」，那麼

第七節　厚黑不總是惡意？同理心缺席與社會化斷裂的心理剖析

他就只會說出：「怎麼會做這樣？」「這樣效率太低了！」

不是他不想理解，而是沒有人讓他知道那叫做「理解」。

這些人在人際關係裡常出現以下狀態：

- 遇到對方流淚會感到困惑或厭煩
- 無法說出「對不起」或「謝謝」，因為覺得「沒必要」
- 誤把冷靜當成成熟，把壓抑當作自律
- 在群體中說出傷人話語後，仍無感而不覺

這些都是社會化裂縫的徵兆，不代表他們壞，而是他們從沒被好好社會化。

同理心與倫理感的內化是厚黑防線的根本

當同理心與倫理感未能內化，厚黑者就會像一臺無感機器，靠著外在規則與利害邏輯判斷行動，而非內在價值與感受反思。

他們可能會因應制度而「看起來很乖」，但一旦制度鬆動或有利可圖，就會立刻展現厚黑行為，因為沒有內在自我監督系統來支撐「不這樣做的理由」。

這就是為什麼教育、陪伴與心理覺察，是厚黑行為的長期修正關鍵。

第二章　誰在使用厚黑術？──厚黑人格與人際戰術圖譜

我們可以怎麼幫助這些「無惡意厚黑者」？

- 具體指出行為而非人格：不要說「你很厚黑」，而是說「你這樣講話會讓人覺得沒有被尊重」。
- 提供正確範例與語言：給他一個「如果你想表達不滿可以怎麼說」的實例。
- 鼓勵回顧互動後的影響：讓他去想「剛剛那樣說，對方的感受可能是什麼？」
- 強化過程價值觀：不是只有成果被看見，而是表現出來的態度、團隊精神也被認可。
- 建立安全互動空間：讓他能在犯錯時不被羞辱，而是被引導修正。

不是每個厚黑者都該被驅逐，有些值得陪伴成長

厚黑並不總是來自惡意，有些只是社會化過程中走失的人。他們不是沒有情感，而是沒有被教會怎麼用情感與人連結；他們不是不在乎他人，而是還沒學會用「對方角度」去思考行動。

若我們能從理解出發，而非標籤與驅逐，就能有機會讓這些厚黑者從策略走向真誠，從計算走向互信。這才是心理成熟社會真正該具備的能力。

第八節　如何用心理學區分「手段」與「病態」？

厚黑有分程度，也有分層次

在面對厚黑行為時，我們經常陷入一個模糊地帶：這個人只是現實一點，還是真的心理有問題？他是有策略地操作，還是他根本不具備正常的人際理解與共情能力？換句話說——這是手段，還是病態？

這個問題並不只是理論探討，它直接關係到我們如何應對對方、是否還能期待修復、是否該建立心理界限、甚至是否該離開這段關係。

心理學能為我們提供一個精細的框架，幫助我們把厚黑行為分類為：

- 策略性手段：在意識清楚情況下為求利益或避害而使用的手法，具調整空間。
- 病態傾向：人格結構出現扭曲，長期無法建立穩定信任關係，且對他人傷害無感。

理解這兩者的區別，能幫助我們更清楚地保護自己，並設定適當的心理與互動邊界。

第二章　誰在使用厚黑術？—厚黑人格與人際戰術圖譜

手段型厚黑者的心理特徵

這類人擁有基本同理心與社會規範理解，只是因情境誘因或目標需求，選擇使用厚黑策略。例如：

- 在升遷競爭中，選擇拉攏主管、邊緣對手；
- 為了保護自己形象，在公開場合推卸責任；
- 在人際矛盾中，選擇沉默或拖延以避風頭。

這些人常有以下特徵：

- 能反思並為行為辯解（即便是自利辯護）；
- 能分清對錯，但選擇以利害為準繩；
- 行為具彈性，會隨情境與對象調整策略；
- 在特定情境外，仍可建立信任與合作關係。

他們的厚黑行為不是本質扭曲，而是一種過度使用的應對策略。這類人若處於良好組織文化、穩定人際支持系統下，行為常能修正，亦有可能透過學習與引導提升情緒覺察與倫理反思。

病態型厚黑者的心理特徵

這類人則在心理結構上出現明顯偏差，厚黑行為已成為人格的一部分，且無法覺察他人感受、無法為自己的行為承擔責任、無法建立穩定的人際連結。常見於：

第八節　如何用心理學區分「手段」與「病態」？

1. 自戀型人格（Narcissistic Personality Disorder）

- 過度自我中心，需他人崇拜與讚美維持自我價值
- 缺乏真誠同理心，對他人僅具工具性關心
- 一旦被批評或否定，情緒反應強烈，出現攻擊、貶低或否認

他們的厚黑通常表現在：

- 操作人際關係以維持優越感
- 遇到質疑即指責對方「不懂」、「眼光差」、「無能」
- 習慣性拉幫結派，以權力維繫人際認同

2. 反社會型人格（Antisocial Personality Disorder）

- 持續性違反社會規範，無法維持責任或誠信
- 冷酷、操控他人，對傷害缺乏愧疚感
- 從不承認錯誤，甚至以傷害他人為成就感來源

他們的厚黑已超出策略範疇，轉為心理性操控與道德解離行為，例如：

- 以謊言與誤導取得掌控力
- 建立心理控制關係（例如情緒依附、羞辱支配）
- 長期剝奪他人主體性與安全感

3. 邊緣型人格（Borderline Personality Disorder）

- 情緒極度不穩定，關係模式反覆於理想化與貶低之間
- 害怕被遺棄，故常以情緒勒索方式維持連結
- 無法忍受模糊狀態，容易激烈反應

第二章　誰在使用厚黑術？—厚黑人格與人際戰術圖譜

他們的厚黑不是計算而來，而是情緒驅動下的控制行為，例如：

- 威脅對方離開就「傷害自己」
- 過度解讀對方行為為背叛
- 在情緒劇烈起伏中操控他人選擇

如何區分：手段與病態的六大界限

判準	手段型厚黑者	病態型厚黑者
動機	生存、利益	控制、補償、支配
情緒管理	穩定，可隱忍	不穩，易爆或冷感
是否能共情	有，但選擇性使用	缺乏或功能性使用
是否能反思	可辯解，具調整空間	否認錯誤，推卸責任
人際關係模式	功能導向，具維繫意願	操控導向，關係不穩定
心理彈性	依文化、風險調整	僵固模式，難自覺改變

案例對照：兩種厚黑的樣貌

Case A（手段型）

某行銷經理在競標時主動隱瞞競爭品牌動態，使自家方案獲得青睞。被發現後，他坦言：「我知道不夠透明，但競爭壓力太大。」事後也主動向同仁致歉，並提出流程調整建議。

Case B（病態型）

某部門主管長期將下屬彼此挑撥，以保護自己權力位置。當被揭露時，他堅稱：「我只是讓大家看到現實，問題是你們自己心態不成熟。」未有任何調整與反思，持續操控資訊與人際連結。

這兩種厚黑表面行為相似，但心理結構與回應能力完全不同，前者仍有學習空間，後者則需專業介入與關係設限。

實務應對策略：要改善還是要退出？

面對手段型厚黑者

(1) 建立透明溝通機制：提供替代手段，讓對方知道「不用厚黑也可以有效率」。
(2) 引導其反思影響力：讓對方看到自己的行為如何影響團隊信任。
(3) 制定行為邊界而非人格指控：說「這樣做讓我有壓力」比說「你很心機」更有效。

面對病態型厚黑者

(1) 設立強力心理界限：明確定義可接受行為與不可侵犯區域。
(2) 不做情緒責任背書者：拒絕為對方的不穩情緒承擔後果。
(3) 不單獨對抗，尋求系統性支持：建立第三方見證、督導或機構制度支援。
(4) 必要時離開並不內疚：保護自己不是背叛，是健康的自我照顧。

第二章　誰在使用厚黑術？─厚黑人格與人際戰術圖譜

從辨識厚黑的深淺，到選擇距離與修復

　　厚黑的表現千變萬化，但我們不該只用「這人好壞」來粗糙分類。透過心理學，我們能更精確地問出關鍵問題：

- 他真的有惡意，還是只是過度防衛？
- 他是否還能調整，還是已陷入僵固模式？
- 我們能不能安全地對話，還是要設下心理防火牆？

　　在厚黑世界中，不是非得全盤接納或徹底斷絕，而是能根據心理深度與結構特徵，找到適當的距離與應對方式。這，才是現代人真正需要的心理識讀力。

第三章
職場厚黑現形記 ——
辦公室生態與角色陷阱

第三章　職場厚黑現形記──辦公室生態與角色陷阱

第一節　為何職場容易養出厚黑文化？
階層、競爭與資源稀缺

厚黑不是突然出現，是組織默默養出來的

很多人在進入職場前，心中對工作環境有一種理想想像：有明確規則、賞罰分明、合作互助。但工作幾年後，卻逐漸發現規則只是表面，真正運作的是潛規則；合作只是口號，競爭才是默契；誠實是風險，圓滑才是智慧。

在這樣的文化中，厚黑術悄悄誕生，並逐步從策略變成習慣，從個人行為變成集體默認──最終成為職場文化的一部分。這並非個人道德淪喪，而是整個組織環境將人推向厚黑化的邏輯終點。

權力距離與厚黑文化的形成溫床

心理學家吉爾特‧霍夫斯泰德（Geert Hofstede）在其著名的文化維度理論（Cultural Dimensions Theory）中提出了「權力距離」（Power Distance）這一概念，成為跨文化研究與組織心理學中的重要指標之一。在高權力距離的組織中：

- 上對下的命令不被質疑
- 下屬以「懂得察言觀色」為生存策略

- 決策集中，資訊不對稱成為權力來源
- 對上表忠、對下壓制被視為「成熟」與「有手腕」

這樣的環境，正是厚黑文化滋生的絕佳條件。因為它鼓勵人遮掩真話、操作人際、修飾情緒與建立表面和諧。久而久之，誠實者被邊緣，厚黑者成主流。

臺灣職場實例：

某上市科技公司內部調查顯示，基層員工對中階主管的不信任感遠高於高層，主要原因是中階主管在「對上報喜、不報憂」的同時，也習慣性將壓力往下壓，形成「向上逢迎、向下施壓」的雙層厚黑結構。

職場競爭：從能力比拼到話術操作

厚黑文化的另一個溫床是無形中的資源競爭。職場中看似人人平等，實則資源有限，包括：

- 升遷名額
- 專案主導權
- 獎金與獎勵曝光
- 老闆的青睞與信任
- 被視為「明日之星」的機會

這些資源不是靠考試爭取，而是透過人際操作、形象塑造與政治手腕來獲得。於是，厚黑行為便從「偶一為之」變成「必修學分」。

這是「社會交換理論」的異化形式——原本應該是互利關係的合

作，轉變為零和競爭的場域，每個人都怕被踩、怕被超車、怕被冷落，所以開始「推功攬過」、「上報下不報」、「分化敵友」。

資源稀缺與信任崩潰的惡性循環

當組織中資源稀缺、透明度低、獎賞機制模糊，個體就會傾向使用非正式手段保護自己，這是心理學中的「風險防衛性決策模式」。

例如：

- 不把真實績效分享出去，以避免被搶功
- 假裝不了解他人失誤，以自保為優先
- 遇到問題只求「甩鍋」，不求解決

久而久之，整個組織文化會從「合作導向」變為「自保導向」。一位資深HR曾說：「現在新人不是不聰明，是太快學會怎麼避責、怎麼修圖、怎麼套話。」

這種文化最終將信任資本耗盡，厚黑邏輯成為唯一通貨。

為什麼厚黑者在這樣的職場更容易成功？

厚黑者擁有幾項在厚黑文化中極具優勢的特質：

- 熟悉潛規則運作：知道誰有話語權、誰是「得罪不得」的人。
- 擅長形象經營：外在態度溫順、語言得體，內部實為精準算計。
- 不怕裝、不怕演：面對批評能淡定否認，面對讚賞能即刻接住。

- 高忍耐度：能長時間「潛伏」與「伏低做小」，等待時機。
- 訊息掌握力強：懂得建立資訊優勢與話語主導地位。

這些特質在表現導向、結果主義的職場特別容易被誤認為「成熟穩健、有肩膀、懂事」，進而獲得更多機會，強化其厚黑策略的有效性。

職場中的厚黑文化語言

觀察一個組織是否厚黑文化盛行，可以從語言細節判斷。例如：

- 「你懂啦，這種話不要講得太明。」（默認灰色地帶）
- 「這案子誰做的不重要，看誰提的。」（推功／攬功結構）
- 「有些事看破不說破才是高段。」（隱性迴避與壓抑）
- 「升不升是老闆說了算，不是做多少。」（否定公平努力）
- 「你太直了，要學會怎麼講才行。」（將誠實視為不成熟）

這些語言表面指導你生存之道，實則強化厚黑規則成為社會默契。

組織制度如何默許甚至獎勵厚黑？

(1) 獎勵「成果」卻忽略「過程」：只重 KPI、不重合作品質。
(2) 績效評核不透明：讓主管主觀認定成為厚黑者操作空間。
(3) 「老闆信任」比制度重要：使得「對上技巧」凌駕專業貢獻。
(4) 高層示範厚黑策略：主管本身習慣打壓異議、善用話術，其部屬也自然仿效。
(5) 人事決策不設第三方監督：讓關係與「人設」決定命運。

是否有出路？建立反厚黑組織文化的可能

雖然厚黑文化在資源緊縮、上下階層清晰的組織中容易生根，但仍有辦法修正其惡性擴散：

- 強化心理安全感：鼓勵員工提出異議與創意，避免每個人都只能裝乖。
- 設計明確評核標準與透明回饋：降低操作空間，回歸能力與實績本身。
- 強化跨部門合作訓練：從競爭轉向聯合任務，弱化內鬥氛圍。
- 提倡情緒覺察與非暴力溝通訓練：幫助員工提升自我認知與他人理解能力。
- 領導者樹立「以人為本」榜樣：讓上層帶頭打破厚黑邏輯，傳遞新的價值觀。

厚黑文化不是必然，而是選擇的累積

厚黑不是突然出現的，它是制度漏洞、資源焦慮、人性脆弱與社會默許的總和結果。一旦我們看清它的養成條件，就能反過來建立新的文化條件，讓誠信不是劣勢、讓合作不是笑話、讓誠實也能被看見。

改變從拒絕再說一句「你懂的，這不能講太明」開始。

第二節　向上管理與下剋上的灰色地帶：人設與操弄術的建立

　　在職場這個權力層級分明、階層張力時時上演的舞臺上，向上管理不再只是生存技巧，更是一種角色設計的藝術。你是什麼樣的人？你讓上司相信你是什麼樣的人？在厚黑文化盛行的組織裡，這兩者的距離，常常是一場計算精密的戲劇。

　　有些人選擇努力表現、誠懇溝通、建立信任；也有一些人，選擇先設計出一個「值得信任、值得提拔、值得倚賴」的角色，然後將這個角色灌注進自己的一言一行。這種角色，不需要完全真實，但必須符合上層期待，必須比別人更會「做樣子」，更懂得「傳遞訊號」。於是，人設誕生了，厚黑的序幕，也悄然揭開。

人設，是厚黑者的第一張通行證

　　人設這個詞，原本來自影視產業，指的是人物角色的定位與形象。然而在職場中，人設卻不再只是形象，而是利益通道的啟動鍵。

　　一位剛進入中大型傳產企業不到半年的年輕主管，憑藉「穩重、有禮貌、執行力高」的評價，很快獲得部門主管青睞。他從不主動與上司爭功，卻總能在適當時機「適度請示」、「彙整意見」、「代表發言」。幾次重大會議，他以筆記詳細、反應穩健而被上層印象記住。不到一年，他從實習主任成為副理，儼然是組織內部年輕人「典範」。

　　然而，他的同事卻有不同的故事。每當部門進行任務分工，他總會

巧妙安排最有風險的任務落在與其爭位的同事手上。遇到問題時，他不會當面指責，但總在私下與主管討論時說：「這件事我其實有點擔心，但當時我想給對方空間。」

他從不犯錯，也從不擔責。他從不爭功，但總在最適時候「讓主管發現他做了最多」。這就是典型的厚黑向上管理：用人設博取信任，用控制定義戰局，用沉默建構權力。

厚黑者如何設定「給上司看的我」？

向上管理，是厚黑者精密計算的重點領域。他們深知，讓上司看到「他想看到的」，比真實表現還重要。而這份「看到的東西」，來自三種訊號：

1. 可靠形象

厚黑者知道上司厭惡「不穩定」、「常出錯」的人，因此總會在文件格式、語言措辭、情緒管理上下足功夫。他們不是最有創意的，但最不惹麻煩；不是最有想法的，但最懂得「說得漂亮」。

2. 忠誠姿態

向上管理的精髓，不是實際服從，而是營造出「我隨時與你同一陣線」的印象。厚黑者善於以小事「示忠」，例如在老闆未明言前便幫其發聲、在公開場合中不動聲色地幫老闆打邊鼓、不主動反駁但總在老闆質疑他人時跟進「補充資料」。這些舉動讓他看起來既忠誠又有判斷，實則是精準人設管理。

3. 平衡衝突的能手

厚黑者不讓自己站在對立面，甚至扮演和事佬角色。他們往往不主動參與爭端，但總是最早知道內情、最早向上匯報。彷彿「我沒說什麼，只是大家太衝動，我負責居中協調」。這種角色讓主管認為他是安全、可靠、組織穩定的守門人。

下剋上的灰色地帶：善用規則漏洞與人際裂縫

在組織運作中，不是只有向上爬這件事，更重要的是如何讓上位者出錯、讓自己適時補位。厚黑者的下剋上，不靠明刀明槍，而是靠兩個武器：制度灰區與人際信任漏洞。

首先，制度灰區是他們的養分。例如公司流程未明訂誰該負責什麼，他便搶先主導；責任分攤不清時，他便默默退出，讓他人踩雷。他深知：「在模糊中行動最快的人，才能成為新權力中心。」

其次，人際信任是他操作的槓桿。他不是破壞別人的關係，而是扮演「他人關係緊張時的情緒出口」。當你在會議後向他抱怨上司壓力太大，他會點頭：「我也感覺到最近他情緒不太穩，辛苦你了。」這句話讓你感覺他在乎你，實際上，他正收集你言語的片段，等待在合適時機向上輸出。

他不是造謠者，而是氣氛設計師。厚黑的下剋上，靠的不是破壞，而是細膩的觀察與適時的介入。

向上管理與厚黑的界限在哪裡？

許多員工也會向上管理,也會試圖塑造形象。那麼什麼時候這種行為變成厚黑?

答案在於動機與手段。

- 如果你是為了組織表現更好,而讓上司清楚看到你的成果,那是策略;
- 如果你是刻意隱瞞他人貢獻、誇大自身作用,則是操弄。
- 如果你在團隊衝突中真心協調、提出公平方案,那是管理能力;
- 如果你藉機收集雙方情緒資訊,向上報告一方偏見,那就是操作人心。

厚黑的關鍵不是行為表象,而是是否以他人為手段、是否以謊言或誤導建構人設。

當我們開始說:「他很會做人」時,其實已默許了厚黑角色的崛起

向上管理若缺乏透明與誠信機制,最終會導致兩種極端:

- 誠實者被邊緣:講真話者被標籤為「不圓融」、「EQ 低」。
- 人設者成為升遷捷徑:用角色操弄情境者被視為「成熟」、「有領導力」。

這種文化若未被指出與解構，最終將讓整個組織處於表面秩序下的心理不安全感。每個人都在演戲，沒人敢說真話，沒人願意暴露脆弱。此時，厚黑者最有空間，因為他們最懂得在虛構中主導局勢。

向上管理可以是策略，也可能是陷阱

厚黑的向上管理是包裹在人設與語言包裝下的心理操控，它讓人失去原則卻誤以為自己成熟，讓人習慣控制他人感受，卻無法看見自己的情緒失衡。

如果我們能辨識出向上管理中那些過於順滑、過於一致、過於無懈可擊的言行，就能看出：那不是穩重，那是設計過的形象；那不是協調，那是操控後的局勢。

真正的成熟，是在面對權力時仍能保有真誠；真正的管理，是在傳遞訊息時仍能尊重事實。厚黑者靠形象構築權力，我們則靠覺察拆解幻覺。

第三節　如何理解「推功攬過」？功績爭奪戰的心理機制

在現代職場中,「推功攬過」已不只是行為現象,更是一種文化現象。它不是偶發,而是在目標績效化、升遷制度化、資訊模糊化的組織結構中,厚黑行為自然衍生的產物。當成功被量化為獎金、升遷、曝光與信任時,「誰該得功勞、誰該背黑鍋」就不再只是倫理判斷,而是權力分配的實質表現。

而厚黑者,在這場功績爭奪戰中,幾乎總能占上風。因為他們懂得如何在風平浪靜中重構歷史、轉寫角色、操控敘事權,讓自己成為舞臺的主角,讓他人成為背景或替罪羊。

為何人會推功攬過?心理學的基本解釋

從心理學角度,「推功攬過」牽涉三個核心動機:

- 自利偏差:人傾向將成功歸因於自己、失敗歸因於他人或外部環境。這是為了保護自尊、維持心理穩定。
- 社會比較焦慮:當個人表現容易被與他人比較時,個體會傾向扭曲他人表現以提高自身相對價值。
- 未內化的道德判準:若組織未建立公平與誠實的評價機制,個體會將「功勞最大化」視為合理行為,而非道德議題。

第三節　如何理解「推功攬過」？功績爭奪戰的心理機制

這些動機在資源稀缺、升遷激烈的環境中被放大，導致推功攬過變成一種「生存技巧」而非羞愧行為。

推功術：如何「不動聲色」地把功勞變成自己的？

厚黑者不會明目張膽地搶功，而是透過語言、時機與關係設計，把功勞轉向自己身上。以下是幾種常見技術：

1. 語言扭曲：用「我們」說自己，用「他們」說他人

- 「這次專案我們從頭到尾都盯得很緊，我也做了一些優化建議。」（「我們」含糊了真正貢獻者，「我」則精準提名）
- 「他們也有努力，但後期整合主要還是我接手。」（將功勞集中在後段，自我居功）

這種語言策略的本質在於模糊群體貢獻，聚焦個人亮點，讓人即使察覺不對，也難以明確反駁。

2. 控制曝光：掌握向上通報權力

厚黑者常與上級有單線連結，並善於掌握通報節奏。他們總是在成果將浮現時提前預告：「這案子我們團隊目前掌握不錯，我也整理了一些要點，屆時我會帶簡報說明。」

透過這種方式，他便成為功績敘述的主導者。而貢獻者只能成為簡報裡的一行 bullet point。

3. 時機設計：在他人表現前「先講」、「先報」、「先亮相」

厚黑者知道，職場記憶短暫，誰先出聲誰就被記得。因此他們在專案完成前，就開始在各種場合預熱，向高層釋放「我有在做」、「我有想法」的訊號。

一位行銷主管私下透露：「我後來學乖了，有時候還沒做完，就先告訴老闆『我準備怎麼做』，否則最後成果就被別人掛名了。」

這不是謊言，而是敘事時間差的操控。

攬過術：如何把責任「設計性地甩出去」？

如果說推功是上坡，攬過就是下坡。在危機或失誤出現時，厚黑者會使用幾種典型話術：

- 「其實我那時候就有提醒過，但⋯⋯」（暗示不是他決策）
- 「我有說過這做法風險很高，只是那時大家還是決定這樣。」（轉為多數決遮蔽責任）
- 「我負責的部分是前端，出問題的在後面流程。」（切割階段責任）
- 「我不清楚 X 後來改了什麼，我也是今天才知道。」（模糊知情責任）

這些語言策略讓厚黑者即使深度參與，也能在失誤發生時抽身而不沾鍋，形成「隱形領導、有功有我、出事無我」的最強防禦系統。

第三節 如何理解「推功攬過」？功績爭奪戰的心理機制

案例觀察：某公關公司「隱性主導者」的勝利法則

某公關公司參與一項大型品牌重塑專案，由三人小組負責。其中一名中階主管，在企劃初期鮮少出意見，常以「你們先想，我來整合」作為發言策略。

專案中期，他開始逐步向主管通報專案進度，語言中多次出現「我帶著團隊完成初步模型」、「我這邊發想出幾個新概念」。而實際內容多出自兩位成員私下討論與修改。

專案成功後，他獲邀上臺簡報，兩位實際執行者則坐在臺下聽他精準複述自己的話語，並獲得高層肯定。幾個月後，他升為資深顧問。

這不是偶然，而是一場長時間的厚黑布局。他沒有搶功，只是「剛好」擁有報告權；沒有攬功，只是「巧妙」地把風險交由他人吸收。厚黑的厲害，在於你明知道有問題，卻找不到證據，也無從指責。

為什麼誠實者反而輸？

- 誠實者太專注於「把事情做好」，不擅長自我包裝；
- 誠實者傾向合作與公平，對「搶功」行為感到羞恥；
- 誠實者認為「老闆應該知道是誰做的」，低估了職場的敘事競爭；
- 誠實者習慣直接回報失誤，反而留下紀錄與印象分。

這導致在功績評比、升遷考核與表現評價中，誠實者常被邊緣，厚黑者則因精準設計印象管理而持續累積資本。

第三章　職場厚黑現形記──辦公室生態與角色陷阱

如何建立健康功勞分配機制？

對個人而言：

- 保留紀錄與證據：每次貢獻都留下數位足跡，如共編紀錄、簡報更新紀錄、信件往來。
- 適度向上報告：定期總結進度與個人貢獻，不等主管來問才補充。
- 團隊互評與公開表彰：建立文化習慣，讓他人也能見證彼此貢獻。

對組織而言：

- 建立多方評量機制：避免「誰說了算」的升遷與評價制度。
- 獎賞過程而非只重結果：肯定合作精神、誠實回報者。
- 管理者應主動辨識厚黑語言與假敘事者：主動了解誰實做、誰主導、誰畫面好看卻沒貢獻。

功勞之爭，不只是一場表現競賽，更是一場心理攻防

厚黑者之所以在功績爭奪戰中屢屢得手，不是他們做得比較多，而是他們懂得讓自己「看起來做得多」；不是他們比較會領導，而是他們懂得讓別人「看起來像在跟隨他」。

在這樣的遊戲中，唯有具備心理辨識力與敘事自覺的人，才能不被厚黑者主導舞臺；唯有建立公平透明的機制，才能讓「誠實與貢獻」重新成為組織的主流價值。

第四節
為什麼小團體排擠常有厚黑主導者？
從社會排除談起

「她不壞，但不知道為什麼，我總覺得跟她說話很有壓力。」

「我進這個部門半年了，工作上都還好，但下班沒人找我說話，也沒人加我入群組。」

「每次聚餐他都主導話題，如果你講的跟他意見不合，他就會開始裝作沒聽見，然後大家也會跟著冷掉。」

這些話，不只是職場新鮮人的傾訴，更是許多組織裡小圈圈文化與厚黑結合後的真實樣貌。我們習慣將厚黑者與高位權者連結，但事實上，在那些由三五成群形成的非正式小團體中，厚黑者往往早已成為主導者，他們不是靠能力，而是靠操控、暗示、排擠與人設，將整個圈子變成自己的權力基地。

厚黑者為何偏好小團體？

厚黑者與正式組織權力的距離可能不近，但他們深知另一套權力模式：人際排他網絡。

在正式制度不容易操作時，他們轉向非正式關係網：誰先入群組、誰主導聚餐、誰說誰「奇怪」、誰能決定「誰是自己人」……這些看似瑣事，實則構成職場中看不見卻主導互動的社交規範。

厚黑者偏好這類小圈圈，因為：

- 可控性高：成員少，容易施加影響力。
- 話語權集中：只要掌握幾個可以做決定的人，就能控制團體氛圍。
- 難以追責：排擠與情緒壓迫無實質紀錄，難以透過制度追究。
- 建立安全感：圈內有忠誠者，能預先發現異議與威脅。

在這種微型結構裡，厚黑者不用做出最好成績，也不用擔任正式主管，他只需要維持話語主導與「我們」的定義權，就能成為不動的中心。

社會排除的心理學機制：為何群體會默許排擠？

心理學家基普林・威廉斯（Kipling D. Williams）在社會排除研究中指出，人類大腦對排斥訊號的反應與身體疼痛類似。也就是說，被忽視、被排除所造成的情緒傷害與身體創傷具有同等效應。

而當一個人面臨被排除的風險時，為了保護自己，他會選擇靠攏權力、順從主流，甚至加入排擠行列。這讓厚黑主導者的權力被鞏固，因為圈內其他人不敢違逆、甚至願意協助其建立排他規則。

這也是厚黑文化最可怕之處：它不是靠暴力驅離，而是靠沉默凝聚。

操控與排擠的典型策略

在厚黑者主導的小團體中，我們經常見到幾種不動聲色的排擠技術：

- 語言忽略法：在公共場合中有選擇性回應發言，只對「自己人」表現熱情，對圈外人視而不見。

- 資訊封鎖術：群組討論、私下溝通、決策傳遞皆限定在特定圈層，讓圈外人始終落後一拍，進而失去參與權。
- 話語霸權：主導討論話題，當有人提不同意見，便用冷笑、沉默、轉移話題等方式削弱對方自信。
- 私下標籤他人：「她其實滿努力的，只是有點不合群」、「他人其實不壞，但情緒不太穩定」，這種語言建立起一種「你不太對」的氛圍，但永遠沒有具體指控。

這些策略讓受害者說不出具體傷害內容，卻持續處於心理邊緣與自我懷疑狀態。

案例分析：某出版社編輯部的小圈圈風暴

某出版社編輯部內部有一個公認的「核心圈」，由一名資深女編輯主導。她從不公開指使，但總是主導聚餐邀約、工作分配時的協調、對新人的觀察與評價。幾位新人入職不久即感受到壓力：「她不會當面責備你，但她的沉默、她不轉交訊息、她對其他人談笑卻對你冷淡，讓人快窒息。」

一名新進編輯努力交出好幾份報導提案，卻總在會議中被忽略或簡略處理；反之，核心圈成員的提案即使粗略，也會被讚賞「方向不錯，可以再加強」。半年後，新進編輯選擇離職，走前只留下八個字：「我進不去這裡。」

主管知道團隊有分裂，但無法指責什麼 —— 因為沒有人說出明確的傷害，也沒有人做出明確的錯事。這正是厚黑者主導的排擠行為最隱蔽、也最致命的地方。

第三章　職場厚黑現形記──辦公室生態與角色陷阱

為什麼厚黑者在小圈圈中能主導他人？

厚黑主導者在小團體中占據領導地位，通常具備以下條件：

- 人設穩定：在外部形象中有公認的專業與資歷。
- 社交手腕好：懂得分寸、知道何時靠近、何時保持距離。
- 情緒控制強：即便生氣，也不會失控，使其言行更具權威感。
- 權力訊號明確：例如與主管關係密切、常獲邀參與重要任務，讓其他人對其「潛在勢力」產生預期心理。

最關鍵的是：他們知道誰可以親近、誰該被邊緣、誰值得被當作祭品以穩固內圈秩序。這種隱性社會運作，讓他們即使沒權沒位，也能成為不可動搖的團體核心。

如何辨識厚黑主導型排擠？三個現象

(1) 明顯圈層分化：團隊中出現固定聚餐、固定私訊組、固定反應窗口，圈外人不易進入。

(2) 情緒氣氛冷熱不一：同一件事，圈內人反應熱烈、圈外人則被冷處理。

(3) 責任分配偏斜：困難與不確定性高的任務多由圈外人承擔，成果則由圈內人對外報告。

當這些現象穩定存在時，表示厚黑式排擠已內化為團體文化，甚至成為新成員模仿的行為模板。

我們能怎麼應對這種厚黑小圈圈？

(1) 清楚界限但不迎合：與主導者保持距離，不強求融入，也不主動敵對。
(2) 建立第二圈連結：與圈外成員建立支持網絡，避免陷入孤立。
(3) 專注任務與成果紀錄：將注意力轉回自己產出，用實績讓主流無法否認你。
(4) 私下反應、公開冷處理：遇排擠時私下反映給信任的上級或 HR，但公開場合避免情緒化，避免讓對方有操作機會。
(5) 適時轉移位置或抽身：當厚黑文化已成閉環，且影響心理健康與發展，選擇轉部門或離開，並非懦弱，而是策略性自我保護。

不是每個小圈圈都錯，但厚黑者讓它變形

小團體原本可以是情感支持、學習共同體、非正式連結。但當厚黑者成為主導，這些正向功能便被轉化為排擠與操控工具。小圈圈不是錯，厚黑化的小圈圈才是問題。

理解厚黑主導者的運作邏輯，是讓我們能選擇要不要走進那道圈，也知道什麼時候該停下腳步、畫出邊界。不是為了對抗，而是為了不再誤以為——排擠，是我不夠好；而事實上，只是我不願成為他們的一分子。

第三章　職場厚黑現形記──辦公室生態與角色陷阱

第五節　被情緒勒索的辦公室日常：主管話術與績效壓力的雙重標準

「你覺得我想這樣嗎？我是被逼的。」

「我知道你很努力，但數字沒達成，老闆不會只聽理由。」

「我一直把你當作最值得信任的下屬，結果你讓我很失望。」

這些話語，每一句都不大聲，甚至語氣平和，卻能在一瞬間讓一個原本有主張、有自信的員工陷入愧疚、自責、沉默與無力。這就是現代辦公室最隱性、也最傷人的厚黑戰術──主管情緒勒索與績效壓力的雙重夾殺。

在這樣的互動中，你不是被明確批評，也不是被明言責備，但你就是知道錯在你身上，不說、不能辯，也沒路退。

當績效成為勒索的載體

在績效主義（performancism）盛行的現代組織中，「數字」幾乎等同於價值與存在感。績效不只是評估，更是身分定位、升遷機會、資源分配的決定因素。

而厚黑型主管知道：績效雖然看似客觀，其實可以成為最強大的情緒壓力工具。

一位行銷部門專員在週會被主管輕描淡寫地說了一句：「如果這次活動再達不到目標，我很難再幫妳說話了。」她當場沒說什麼，但整週都睡不好，不敢與主管對話，甚至開始懷疑自己是不是「一直都拖累團隊」。

主管沒有指責、沒有責任歸屬語言,但透過一句話,成功轉移焦點、施加心理壓力、引發內疚與順從。這就是典型的績效情緒勒索術:用制度背後的恐懼操控人。

情緒勒索的語言學:主管怎麼說,員工怎麼崩潰?

心理學家蘇珊・佛沃將情緒勒索(emotional blackmail)定義為「在關係中,透過恐懼、責任感與罪惡感操控對方的行為與選擇」。

主管在職場中的勒索語言通常具有以下特性:

- 暗示性歸因:「我很少失望,但這次真的很難說服自己。」
- 角色投射:「我一直把你當自己人,你卻這樣回應我。」
- 未說完的警告:「這種表現老闆如果問起來……我也不知道該怎麼說。」
- 同理式壓迫:「我懂你辛苦,但我也不容易,我也是被上面壓著。」

這些語言的可怕之處在於:它們無法反駁、無從辯解,但每一句都直擊員工情緒核心。它們不談事實,只談信任與失望;不講標準,只講情感與關係。

雙重標準的出現:績效是工具,也是遮羞布

厚黑主管最常使用的手段之一,就是「績效標準不一致」。對圈內人寬容、對圈外人嚴格,對被器重者模糊處理、對懷疑者精算數字。

這種操作有幾個常見形式:

第三章　職場厚黑現形記—辦公室生態與角色陷阱

- 浮動門檻：同樣是達成 80%，某人被稱讚穩定、有潛力，另一人則被批「差一點就失敗」。
- 選擇性補救：喜歡的人可補件、修正、重做；不喜歡的則「已經來不及了」。
- 把績效與態度綁在一起：當績效難以質疑，就開始質疑態度。「你有達標，但我覺得你沒有全力以赴。」

這種操作的本質是厚黑邏輯下的「績效遮羞布」：用制度語言包裝人為偏好，用客觀數據掩飾主觀操控。

案例分析：績效會議上的沉默革命

某醫療科技公司在年度績效評核會議中，主管逐一點評團隊成員。有一位資深工程師數據表現優異，但主管卻以一句「他有時候太執著於細節，缺乏彈性」將其評為普通。同一場會議中，一名數據偏弱但與主管私交不錯的成員，則被評為「潛力型，有人際魅力，能補其他人不足」。

工程師當場沒說話，事後只淡淡表示：「這不是我第一年遇到這種事了，我現在只對薪水負責，不再參與部門內部的競爭。」

當績效變成操控，而非反映，那些誠實、努力、有專業的人會開始撤退、冷感與選擇性沉默。組織失去的不只是人，而是信任與內部秩序的正當性。

第五節　被情緒勒索的辦公室日常：主管話術與績效壓力的雙重標準

員工為何難以抵抗情緒勒索？

心理上，情緒勒索之所以有效，是因為它喚起人最基本的三種恐懼：

- 怕被否定：每個人都想被主管肯定，當話語轉向「你讓我失望」，便會本能自責。
- 怕失去關係：若主管與你過去關係良好，情緒勒索會被包裝為「關係破裂的警訊」，員工不願接受。
- 怕影響升遷或穩定性：在不穩定職場環境中，員工更願意妥協以確保自身位置，這正是厚黑主管能勒索的最大槓桿。

如何辨識主管的「厚黑型情緒勒索」？

幾個常見徵兆包括：

- 在績效會議中，不談數據，只談印象；
- 在關係破裂時，先指責你「變了」，再說「失望」；
- 用過去對你的信任，當作現在加重要求的工具；
- 情緒起伏大，但從不明言責任，只說「我也很為難」；
- 拒絕明確標準，讓你永遠不確定何時做得夠好。

這些模式表面看起來是「管理風格」，實則是心理控制工具，讓你愧疚、讓你服從、讓你自責而不是反思制度。

員工的應對之道:如何不被勒索綁架?

(1) 保留紀錄與對話依據:將工作成果與回饋明文化,以數據對話而非印象。
(2) 釐清責任邊界:「這是我職責內該承擔的,我願意努力,但不等於我能承擔全部後果。」
(3) 拒絕情緒轉移:「我聽得出你很有壓力,但我需要知道的是,這個任務需要怎麼完成。」
(4) 建立第三方支持:與 HR 或信任同儕建立對話空間,避免陷入單點壓力迴路。
(5) 評估長期風險:當情緒勒索成為常態,而制度又無改變可能,需思考轉換職場環境的必要性。

厚黑管理的終點,是沒人想留下的團隊

當主管將情緒當作操控的話術,把績效當作懲罰的工具,最終得到的不是更努力的團隊,而是更沉默、更冷淡、更疏離的部屬。

真正的領導,不是在壓力下讓人屈服,而是在信任中讓人成長。當我們理解情緒勒索背後的心理結構與語言模式,我們才不會在一句「我很失望」中迷失自我,也不再把主管的壓力當成自己永遠無法承受的罪。

你不是主管情緒的調節器,也不是績效表背後的消音器。你是有邊界、有責任,也值得被公平對待的工作者。

第六節　職場厚黑的文化學：從亞洲服從性到西方權力距離的差異

　　厚黑行為在世界各地的職場中皆有蹤跡，但其展現形式與接受程度卻有顯著差異。在亞洲，它往往被包裝為「做人圓滑」、「懂事」；在西方，它則可能以「個人主義底下的操控與政治手腕」現身。文化差異讓厚黑這套行為邏輯出現了不同的語言、形式與正當化策略，而這些差異正是了解厚黑如何「被允許」甚至「被鼓勵」的關鍵。

　　本節將從文化心理學視角出發，分析為何同樣一個厚黑動作，在臺灣可能被視為「有技巧」，在北歐卻被當作「破壞信任」；在日本是「體貼」，在美國則可能是「不透明」甚至「不誠實」。當我們開始理解這些文化差異，就能更敏銳地辨識厚黑行為在組織內的文化動力來源，也才能更有效地反制或修正它。

亞洲文化與厚黑的「服從正當性」

　　亞洲社會，尤其是儒家文化影響深厚的地區，普遍強調「尊卑有序」、「長幼有別」與「和為貴」。這些文化核心雖非直接推崇厚黑，但卻為厚黑提供了隱性的溫床。

　　當權力結構被默認為「不宜挑戰」、當直言被視為「不會做人」、當衝突被標籤為「破壞團隊和諧」，厚黑者就擁有了發展空間。他們知道只要不「說破」、不「明講」、不「表面違規」，就能在灰色地帶中操作人際、分配功勞、排擠異己。

第三章　職場厚黑現形記—辦公室生態與角色陷阱

臺灣企業中常見的一句話：「大家都懂，就不需要說太明。」這看似是職場潤滑語，實則是一種厚黑文化的合理化敘事。它讓制度變得可協商、讓道德可以模糊、讓權力運作藏身於「你懂我懂」的語境裡。

在這種文化土壤中，厚黑不是強迫性的外在暴力，而是潛移默化的「高 EQ」，是懂得「何時該說、何時該不說」的社交分寸。

日本的禮貌與沉默之中，藏著高度的厚黑組織邏輯

日本的職場文化以禮貌、集體主義與服從精神著稱。表面上，這樣的文化看似與厚黑無關，但實際上，「不表達異議」、「迴避責任」、「將情緒壓抑轉向暗示操作」的做法，正是日本式厚黑的核心表現。

在日系企業中，決策不會在會議中當場做出，而是在會議前的「根回し」（事前協調）中已經定調。會議上所見的表決、同意與共識，其實是事前厚黑操作的結果。在這種制度下，真正掌握權力的並非會議上說話最多的人，而是最早主導氣氛與人際線條的「影子中樞」。

此外，日式厚黑強調「犧牲自己保全整體」的倫理，讓許多人選擇默默退場、不說明真相、不揭發問題。這使得厚黑者可以「以穩定為名義、以體面為藉口」排除異己、劃分資源，卻無需擔負任何道德與制度後果。

中國：權力崇拜與「為你好」的厚黑話術

中國的職場厚黑文化往往帶有強烈的「仕途邏輯」。權力崇拜文化使得「向上管理」成為必要技能，厚黑者懂得如何討好、奉承、打點，也知

道何時該做「看起來忠誠、實則自保」的動作。

厚黑語言在這種文化中常以「大局為重」、「為你好」、「別人怎麼看」出現,這些話語讓人難以反駁,因為它披著集體主義的外衣,讓個體的情緒、界限、利益被置換為「整體形象」與「關係考量」。

在此語境中,厚黑者被認為是「懂規則」、「能辦事」、「上道」的人,誠實與透明則被解讀為「不成熟」、「不會做人」甚至「幼稚」。這種價值觀的逆轉,是厚黑文化得以壯大的社會心理條件。

西方文化:厚黑更隱晦,也更容易被揭穿

相較亞洲社會的權力距離與服從文化,歐美國家的職場文化在結構上較強調「個體意見」、「扁平溝通」、「透明化制度」。這使得厚黑行為難以大張旗鼓地運作,卻也不代表不存在。

在西方文化中,厚黑更多以「人設操作」與「形象管理」的方式呈現。例如在美國企業中,主管可能不會明言「你讓我失望」,但會用一封看似平靜卻充滿權力暗示的電子郵件,讓你在回信前深思再三。

厚黑者在這裡不靠情緒勒索,而是透過專業話語、制度語境與話術模糊度達到目的。他們會說:「根據流程,我們無法處理這個申訴」或「在目前架構下,我們沒辦法幫你安排更多資源」,這些語言讓責任模糊、讓拒絕變得合理,卻實際上服務於某些個人或派系的利益分配。

西方的厚黑雖包裝得更現代化,但當組織透明機制健全、內部審查與匿名申訴制度落實時,這些行為也更容易被揭穿與制衡。

第三章　職場厚黑現形記──辦公室生態與角色陷阱

厚黑與文化的共生關係：權力距離是關鍵變因

　　荷蘭社會心理學家吉爾特·霍夫斯泰德（Hofstede）的文化維度研究早已指出：「權力距離越高，組織越容易出現資訊不透明、服從壓力強、溝通一元化的現象。」而這些，正是厚黑能量的三大依附條件。

　　當我們從亞洲轉向北歐，再看美國與南美，就能觀察到一條清晰軌跡：厚黑者的技術與語言會隨文化而變異，但其核心──對人性弱點的操控、對資源分配的爭奪──始終如一。

　　在高權力距離文化中，厚黑行為以沉默、順從、繞道、私下協商為手段；在低權力距離文化中，厚黑行為則以程序操作、話語模糊與人設塑造為策略。差別不在厚黑存不存在，而在於它在什麼語境中出現、被包裝成什麼樣子、是否被容忍或檢視。

文化不是厚黑的藉口，但它解釋了厚黑的樣貌

　　厚黑不是某個文化特有的病灶，而是各地文化在應對權力、資源與人際壓力時，自然生成的行為樣式。但只有當我們看懂這些文化機制，才能避免厚黑被包裝成「社交智慧」、避免「壓抑自己」被誤當成「成熟負責」。

　　厚黑之所以可怕，不是因為它惡，而是因為它合理化得太自然，尤其在某些文化中，它甚至變成了所謂「職場潛規則」。只有當我們有勇氣拆解語言、制度與文化之間的厚黑聯盟，我們才有機會創造出更健康、更誠實、也更能讓人安心工作的職場文化。

第七節　誰能留誰會走？
厚黑者在裁員與升遷中的心理遊戲

　　裁員與升遷，是職場最現實的時刻。它不像日常工作有明確規則可循，也不像績效報告那般公開透明。更多時候，它是一種「綜合印象的選擇」、「氣氛中的傾斜」、「人設競技場上的權衡」。而在這種模糊又高風險的時刻，厚黑者擁有絕對優勢。

　　他們不是最努力的，也不見得是最有能力的，但他們最知道：升遷不是靠實力，是靠印象；裁員不是看錯誤，是看誰最容易被犧牲。於是，一場無聲的心理戰、一場結構性的不對等選擇，在職場裁升制度的縫隙中不斷上演。

裁員的厚黑遊戲：誰先被塑造成「不值得留下的人」？

　　在組織面臨裁員決策時，理想上應該以績效、能力、貢獻為標準。然而在實務中，裁員往往是一種「風險規避導向的選擇」：主管希望留下好控制、穩定、順從、忠誠的人；而那些「說話直」、「太有想法」、「人際互動模糊」的人，往往成為不易管理的標的。

　　厚黑者非常清楚這一點，因此他們不需要真的幫公司賺錢，只需要讓自己看起來「沒問題」；不必貢獻突出，只需讓別人看起來「問題多多」。

　　他們的操作邏輯包括：

第三章　職場厚黑現形記──辦公室生態與角色陷阱

- 提前對可能裁員名單者貼標籤:「我不確定他適不適合這個節奏,之前有幾次他和客戶之間……」
- 假裝中立但導向否定:「我沒什麼意見啦,只是我個人不太清楚他具體貢獻是哪些。」
- 語言裡混入預設立場:「像這次案子,我們幾個都很積極,他可能忙不過來就沒參與那麼多。」(實際他未被邀請)

這些話語操作不需要邏輯,只要形成氣氛 ── 讓某個人「看起來」不在核心圈、讓主管「覺得」這個人比較不穩,就能成功影響裁員方向。

升遷的厚黑運算:
不是你表現最好,而是你「最不讓人不安」

升遷不是獎賞,而是委任。主管不會選一個最能表現的人,而是會選一個「最不會出事的人」。而厚黑者正是擅長扮演這種「看起來很穩」的人。

他們不一定是最有幹勁的,但一定不會犯明顯錯;不一定有創新想法,但絕不會挑戰權威;不一定是團隊領導者,但總會在老闆出現時「剛好」在中心位置說出關鍵話語。

厚黑者懂得升遷關鍵在於:

- 一致性印象管理:平時就經營「信任形象」,在關鍵時刻自然被提名。
- 擁有話語主導權:讓自己總是能「幫老闆說出老闆的想法」。
- 搶先創造敘事空間:在升遷評估前主動與主管回顧過去表現,先入為主,掌控升遷話語的框架。

■ 模糊他人貢獻，放大自己穩定度：厚黑者常會說：「這幾個案子，我這邊基本都有 review 過，他們再去執行。」一句話就讓所有人變成自己下屬、功勞歸邊。

案例分析：誰該走？誰該上？

某家科技業在 2023 年進行部門縮編，原本六人小組需裁減兩人，同時調升一人為副理。小組內部有一位年資最深、績效穩定但個性內向的工程師，一位創意十足但常與主管意見不同的設計師，還有一位擅長統整資料與簡報的專員，被認為「懂得說話」。

最後的結果是：內向的工程師被裁，設計師被調離專案線，擅長簡報者成為副理。

這名升上去的專員，在評估會議前兩週已主動遞交一份整理小組歷來貢獻、目標達成率與團隊合作的總結報告，並附上個人自省與未來部門建議方向。報告最後一句話是：「若能有更多資源整合責任，我願意承擔更多團隊協調工作。」

這不是單純的自我推薦，而是典型厚黑升遷策略中的「人設預置與場景管理」：讓你在他人還在等待制度裁決時，早已預設自己在下個位階的位置。

為何厚黑者特別容易在「評估場域」中獲利？

心理學中有一個重要概念叫做「初始定錨效應」（anchoring effect），即：在不確定的判斷情境中，個體會受到先入為主資訊影響，難以改變

第三章　職場厚黑現形記──辦公室生態與角色陷阱

第一印象。

厚黑者深諳此道。他們會：

- 在主管尚未討論升遷前，先找機會討論個人貢獻與團隊願景；
- 在裁員傳聞浮現時，先釋放「我可以幫忙穩住人心」的信號；
- 在評估者面前展示非數據的「非正式價值」：如協調能力、忠誠度、適應度、關係網絡。

這些行為不違規，但也不純粹，是一種建立在認知心理學與社會印象操控之上的厚黑型競爭行為。

被留下的厚黑成本：為什麼組織留錯人？

當厚黑者成功留下，而那些誠實工作者離去時，組織會面臨幾個後果：

- 信任文化瓦解：員工發現誠實與努力不是升遷標準，開始冷漠與被動。
- 內部資訊不透明：厚黑者為維持自身優勢，常透過「資訊壟斷」或「選擇性回報」建立權力。
- 組織創新能力下降：厚黑者通常避險、不挑戰、偏好穩定，導致創意與改變被視為風險。
- 真誠者流失率升高：高誠信員工若發現無法在組織中被正當對待，離開是必然選擇。

長期而言，這些「錯誤的留下」會讓整個組織陷入「表現穩定但缺乏動能」的假性穩定中，最終耗盡競爭力。

第七節　誰能留誰會走？厚黑者在裁員與升遷中的心理遊戲

員工自保與組織修復的可能性

對個人：

- 建立「貢獻紀錄」文化，不依賴主管印象，而是用資料說話；
- 若身處厚黑主導部門，應建立橫向信任網絡，增加觀察者與見證人；
- 預測制度性節點（裁員季、考核季），適時釋出個人價值與定位訊號；
- 若厚黑文化無可修復，請勇敢撤離，不為自己能力錯置找藉口。

對組織：

- 裁升機制應引入第三方評估與 360 度回饋機制，降低印象支配；
- 對於升遷建議人須「說清楚為何建議」與「列明具體貢獻」；
- 定期檢視部門內信任感與主觀正義（perceived fairness）評量；
- 獎勵誠實、透明與團隊導向的長期行為，而非短期操作績效。

厚黑者會留下，但他不一定能讓組織留下

厚黑者善於「看起來值得留下」，卻不一定真正有能力「讓組織變好」。當裁員成為效率之名下的割裂工具，當升遷成為語言包裝與氣氛主導的競技場，厚黑行為就成為自然勝出的策略。

但我們應該問的不是「誰留下了」，而是「誰該留下」。當組織有勇氣看穿這些話術、拆解這些策略，讓誠實者、貢獻者、協作者真正被看見，那麼厚黑文化才會失去它的舞臺。

否則留下的，只是一群最會演戲的人——還有那些，懂得何時掌聲該落下的操盤手。

第三章　職場厚黑現形記──辦公室生態與角色陷阱

第八節　在辦公室維持自我：做一個有界限的同事

「我覺得自己好像只剩下工作功能，別人看我不是人，是職務。」

「我不是不願意幫忙，但為什麼總是我接最後一棒？」

「講真話像在冒犯，不說話又好像默認，這個辦公室，到底要怎麼活得剛剛好？」

在充滿厚黑策略的職場中，「活得剛剛好」是種奢侈。太安靜，被邊緣；太直率，被排擠；太熱心，被利用；太疏離，被誤會。於是許多人開始質疑：我是不是要變得「不那麼自己」，才能留下來？

但真正的問題不是「我們是不是該偽裝」，而是我們是否還有空間選擇「怎樣的我」可以留下來，而不是被吞噬、被挪用、被耗盡。本節所要處理的，就是：在厚黑文化盛行的職場中，自我邊界要如何被辨識、維持與實踐。

為什麼厚黑文化讓人失去自我？

厚黑文化之所以具侵蝕性，是因為它的運作邏輯與「自我穩定機制」正好背道而馳。正常的心理自我建構仰賴幾個基礎條件：

- 清楚的角色定位：知道我在這裡該做什麼、不該做什麼。
- 穩定的價值認同：知道我的判斷依據是什麼、底線在哪裡。
- 邊界被尊重：知道什麼時候可以說「不」、什麼時候可以暫停。

第八節　在辦公室維持自我：做一個有界限的同事

但厚黑文化強調的是模糊與流動 —— 角色是彈性的、價值是浮動的、邊界是無效的。厚黑者會說：「有時候要彈性一點」、「做人不要太計較」、「你就配合一下，沒這麼嚴重」，這些話表面上是人際潤滑，實際上卻是一種逐步侵蝕你內在判準的心理洗刷。

於是，你開始懷疑：我堅持的，是不是太固執？我想要說的，是不是太敏感？當這種內在自我感消失，你就不是你，而只是工作現場的「任務接收端」。

邊界，是對自己的心理保護，也是對他人的尊重

心理學上的「邊界」（boundary）並不是冷漠、疏離或自我中心，而是一種角色清晰、責任明確與情緒健康的界限感。當我們有界限，我們才能：

- 說出「我願意做，但這不是我該做的」；
- 說出「我理解你的壓力，但我不會為此承擔全部責任」；
- 說出「這樣的語氣我不接受，我們可以換個方式談」。

這些不是衝突，而是協調的基礎；不是叛逆，而是成熟的表現。有界限的人，才有自我；而有自我的人，才能在厚黑場域中站穩腳步，而不迷失。

第三章　職場厚黑現形記──辦公室生態與角色陷阱

實務案例：一位不再加班的專案經理

某間中型數位行銷公司，一位專案經理林珮珊曾因為「什麼都能處理」而被稱為部門的「擋箭牌」。每當其他部門出包、臨時任務突襲、客戶要求更動，她總是第一個站出來：「我來想辦法。」

剛開始她也覺得：「這是責任感。」但一年後，她發現自己每天十點下班，週末還要盯簡報，不僅失眠、掉髮，甚至對團隊產生敵意：「為什麼我那麼拼，別人還能準時下班？」

直到某天她在客戶回報誤植內容時，當主管再度詢問：「這邊能不能幫我處理一下？」她第一次說了：「這部分不是我負責的，我可以協助釐清，但負責人應該要先說明狀況。」

她以為這句話會讓她失去信任，但出乎意料，主管沉默幾秒後點頭說：「好，你先幫我把資訊對一下，明天我問他。」

那一刻她明白：不是她不能說不，而是她以前從未說過不。有時厚黑者能輕易入侵，是因為我們沒有好好把界限畫清楚。

建立職場自我邊界的三層防線

1. 任務邊界：我該做什麼？我不該承擔什麼？

職場中最常見的厚黑滲透來自任務邊界模糊。例如：

- 別人的簡報，你幫他補完
- 上級的錯誤，你幫他修正
- 他人拖延的進度，你幫忙善後

畫清任務邊界，不是不幫忙，而是清楚說明：「我協助是額外的，不是應該的。」這樣你才能避免「久了就變成你該做的」惡性常態。

2. 情緒邊界：這是我的情緒，還是別人的？

厚黑文化常會轉移情緒責任，例如：

- 「你這樣讓我很難做人」；
- 「我真的不想發火，但你這樣做很難不讓我生氣」。

這些語言背後是將「自己情緒的責任」丟給你承擔。設立情緒邊界就是學會說：「我願意聽你，但你的感受不是我的錯。」

3. 價值邊界：什麼是我堅持的原則？哪裡不能讓步？

厚黑文化的最終威脅是讓人「自我解離」，即：為了生存放棄價值。你開始說你不相信的話、做你反感的事、支持你不同意的立場。

你要設立價值邊界：我可以圓融，但不能說謊；我可以適應，但不出賣他人；我可以協調，但不助長錯誤。

這些界限會讓你在疲憊之餘，還能保有對自己的信任與尊重。

如何與厚黑同事或主管互動，又不被消耗？

在維持自我與厚黑環境互動間，有幾項實務原則：

- 冷靜而堅定地表達界限：「我理解你的意思，但我這週進度已滿，我可以下週協助討論。」
- 不做預設性回應：對厚黑語言不要立刻答應，也不要立刻否定，給自己時間：「我需要考慮一下這件事的安排。」

第三章 職場厚黑現形記──辦公室生態與角色陷阱

- 避免陷入討好與指責的循環：不因為被誤解而過度解釋，也不因為壓力而反擊。平衡語言：「我了解你有壓力，我也有我的負荷，我們可以找平衡點。」
- 創造自我認可圈：若組織文化偏向厚黑，請額外建立「價值回饋網絡」——找願意誠實對話、共享信念的人互相提醒與支持。

不被厚黑吞沒，不代表你要變得冷漠

面對厚黑文化，你不需要成為權謀高手，也不必變得計算冷血。你只需要：清楚知道自己是誰、能做什麼、不能被怎麼對待。

做一個有邊界的同事，不是拒人於千里之外，而是讓別人知道：你願意合作，但不接受剝奪；你能適應變化，但不會違背原則；你溫和，但你有底線。

這樣的你，也許不會是最會打點關係的員工，但你會是最穩定、最健康、最不後悔的自己。

第四章
說話也能厚黑？
——操弄性語言與心理控制術

第四章　說話也能厚黑？──操弄性語言與心理控制術

第一節　好話與黑話的差距：語言包裝下的控制心理學

「我這麼說是為你好。」

「我只是提醒你一下，不代表有意思。」

「大家其實都很看好你，但也有些聲音……你懂的。」

這些話語看似友善、體貼、充滿「善意」，但你聽完卻總覺得哪裡怪怪的：像是被提醒又像被警告，像是被鼓勵又像被貶低，像是關心但其實無從回應。你說不上來對方哪裡不對，卻知道這句話有問題。

這，正是厚黑語言的魅力與危險之處：它不直接傷人，卻讓人內傷；它不說指責，卻讓你羞愧；它表面無害，卻在潛意識中植入控制。

而理解厚黑語言的關鍵第一步，就是看見「好話」與「黑話」之間的細節差距。

厚黑語言的基礎邏輯：說得漂亮，不代表沒有攻擊性

語言不只是溝通工具，更是心理操作的載體。在語用心理學（pragmatics in psychology）中，我們知道語言的表面語意（literal meaning）與語用意圖（pragmatic intent）可以有極大落差。

例如，「你今天這樣講話，我其實有點難過」這句話表面上表達個人情緒，但若在團體對話中對你說出，其潛在語用意圖可能是：

- 讓你閉嘴

- 讓你背負他情緒責任
- 對群體暗示你不夠體貼

也就是說，語言的意圖不在說什麼，而在說的時機、對象、方式與語境中「說完之後會產生什麼效果」。

厚黑話語的重點從來不是內容，而是「它說完之後，讓你變得比較不敢動了」。

好話與黑話的關鍵差距在於：主導權的擁有者

「好話」的目的是交流與合作，而「黑話」的目的是建立優勢與控制。

以下是一組比較：

類型	表面語句	實際作用
好話	「有什麼需要我幫忙的地方，儘管說。」	傳遞真誠、提供資源、留出空間
黑話	「我可以幫你一次，但我也不可能每次都救你喔。」	施壓、設限、暗示無能與虧欠
好話	「這個案子你處理得不錯，有幾點也許可以再一起討論看看。」	正面回饋＋建設性建議
黑話	「這個成果，如果是我來做，也不會差太多啦！」	貶低成就、貶值對方貢獻、轉移焦點

「黑話」的真實功能，是在語言表面之外建立隱形階序：我比你懂、我有判斷權、我能預設你的動機與結果。它讓人聽完之後只能選擇順從或沉默。

第四章　說話也能厚黑？──操弄性語言與心理控制術

語用操作的三種厚黑模式

1. 話術懸置：說一半、藏一半

這類話語目的在於留下模糊空間，讓對方自行解讀與自我審查。

例如：「這件事你先處理看看，我不會給太多意見，你自己衡量就好。」

這話乍聽尊重，但實際上：

- 若你做對了，是你應該的；
- 若你做錯了，是你「自己判斷有問題」。

這種話術的核心，是讓你在高風險中自己承擔全部責任。

2. 道德綁架型好話：將人情當工具

例如：「你那麼有能力，這點小事不會不幫吧？」

或是：「上次我也沒說什麼，但這次你能不能讓一下？」

這些話利用你「不想被當作壞人」的心態，使你自願讓步。表面是請託，實際是道德綁架與人際壓力輸出。

3. 預設立場型話語：以「關心」之名建立懷疑

例如：「最近大家都有點擔心你的情緒起伏，我是比較能理解你啦。」

這句話的表面意圖是支持，實際作用是：

- 向你輸出「別人有在談論你」的資訊
- 讓你開始懷疑自己是否表現失常
- 順勢塑造自己是你與團隊之間的中介人、調停者

第一節　好話與黑話的差距：語言包裝下的控制心理學

這類語言是一種社會位階調度，話語說出口的那一刻，誰在高位，誰在低位，其實已被語言安排妥當。

案例分析：在「好好說話」的表皮下，被逐出對話的人

在某出版社會議中，編輯小組正討論新書封面設計。年資最淺的編輯提出新的視覺提案，團隊氣氛略有猶豫時，資深主編說：「這方向蠻大膽的，我個人是很欣賞創新啦，只是市場部那邊會怎麼想就很難說了，你懂的。」

這句話沒有反對，但也沒有支持。它表面上是開放的，但也暗示了風險轉嫁、立場切割與方向導引。結果整組開始冷卻對該提案的回應，會議五分鐘後便通過另一位資深編輯的提案。

這不是說話技巧的勝利，而是厚黑語用技巧的完美運作：不需要大聲、不需要權力，只要在語言中創造出風險暗示與方向誘惑，便可讓他人自我撤退。

厚黑話語之所以有效，是因為我們太怕「不被當成好人」

厚黑語言的效力來自於它的語言雙面性與社會壓力同步運作：它不會讓你立即生氣，卻會讓你陷入反思；不會讓你當下反駁，但會讓你事後懊惱。它運用的是：

- 社會期待：怕衝突、怕不合群、怕得罪人

第四章　說話也能厚黑？──操弄性語言與心理控制術

- 語言模糊：說得漂亮，聽得混亂
- 心理迴避：我們傾向讓情緒過去，不願「挑明講」

　　這三重結構，使得厚黑話語成為最難識破、最不易反擊、也最常被誤解為「高EQ」的溝通方式。

如何拆解黑話？聽出背後的控制邏輯

(1) 分辨語義與語用的落差：這句話表面說什麼？背後在暗示什麼？
(2) 辨識話語功能，而非語氣態度：別被溫和語氣誤導，看語言會讓你做出什麼決定。
(3) 回應時不接話，而是轉向釐清：「你剛提到大家擔心我，是指哪些人？有什麼我可以了解的細節嗎？」
(4) 保留界限與主體性：「謝謝提醒，我會自己評估這案子該怎麼處理。」
(5) 不要被讚美餵養自我幻象：過度誇讚也可能是預設責任的陷阱。

說得好，不等於說得正直

　　語言的藝術，不在於修辭，而在於意圖。厚黑話語之所以危險，不是因為它粗暴，而是因為它「看起來很善意」。

　　唯有當我們學會看穿語言裡的結構、聽懂語氣下的權力布局，我們才能在每一場職場對話中，既能保持禮貌，也能守住自己，不因一句「我是為你好」就交出了判斷、不因一聲「你想太多」就撤回了立場。

　　說話不是中性的。聽話，更不能被動。

第二節 「我這麼說是為你好」：情緒勒索者的道德假面

「你要多想一點，別讓人笑你。」

「我不是針對你，只是說這樣對你比較好。」

「這是為你好，我才會這樣講，否則別人根本不會提醒你。」

在現代職場與人際關係中，「為你好」幾乎成為一句無人能反駁的萬用說法。它像是一面道德之盾，既能遮蔽話語本身的操控性，也能讓對方在難以抗拒的愧疚與不安中放棄自我主張。厚黑者深諳此道，善於將這句話用得體貼、溫柔，甚至令人感激——而在不知不覺中，你早已把自己交出去了。

這一節，我們不只是要拆解「為你好」的話語結構，更要看見它背後的心理運作與控制模式，並思考：我們該如何回應那些以「關心」為名的壓力與干預？

情緒勒索的心理結構：善意話語中的控制意圖

心理學家蘇珊・佛沃（Susan Forward）將情緒勒索定義為：「以恐懼、義務與罪惡感為手段，使對方服從的控制型互動方式。」

「為你好」正是這三種心理壓力的完美總和：

- 恐懼：你害怕自己做錯、被否定或失去關係支持
- 義務：你覺得對方是為你著想，自己應該接受

第四章　說話也能厚黑？──操弄性語言與心理控制術

■　罪惡感：若你拒絕，就像是辜負了對方的好意

厚黑者明白，一句「我這樣說，是為了你將來不會後悔」，能瞬間讓你懷疑自己的選擇，也能有效壓制你的行動自由與語言主權。這種話語不需要大聲，它靠的是心理綁架。

「為你好」常見話術與其隱藏操控意圖

話語樣式	表面語意	潛在心理操控
「我不講你以後會後悔」	勸導	建立對方無知與幼稚感，使其信任你掌控未來
「別人不敢講，我才願意說真話」	真誠	將自己包裝為正義代言人，使對方難以懷疑你動機
「你這樣讓我很擔心」	關心	把情緒責任轉嫁給對方，讓對方背負你的感受
「如果你真的信任我，就聽我的一次」	情感訴求	建立條件性忠誠，測試或操控關係穩定度

這些話不見得出自惡意，但當它們被反覆使用、被用來壓制異議、被用來取代理性討論與自我判斷時，它們就從關心變成了一種「道德假面」。

案例解析：那個總是「為你好」的資深同事

在某家設計公司，新人小慧提出一個風格前衛的品牌提案，在部門討論時，資深同事阿政語氣和緩地說：

第二節　「我這麼說是為你好」：情緒勒索者的道德假面

「這提案我懂妳的用心，但我還是得說一句重的，為妳好。妳現在年紀輕，也許不知道客戶會怎麼想。這種風格，我不是不喜歡，而是怕妳在主管心中留下太過張狂的印象。」

這段話沒有直接批評提案，也沒有否定個人創意。但它：

- 預設小慧「不懂事」
- 暗示主管「可能會不喜歡」
- 宣稱自己是「唯一敢說實話的關心者」

在這三重語言邏輯下，小慧即使有不同意見也難以表達，因為任何反駁都會像是「不接受好意」、「不尊重前輩」、「固執己見」。

這就是厚黑話術的高段之處──它在說服你之前，先讓你失去說「不」的立場。

「為你好」話術為何能讓人感到無力？

心理學指出，「為你好」類語言具有以下幾種效應：

- 認知替代（cognitive substitution）：取代你本來的思考方式，讓你開始站在對方的視角看自己
- 情緒內爆（emotional implosion）：你無法將不滿合理表達，只能內化為悔恨或自我質疑
- 責任轉移（responsibility displacement）：若失敗了，是你「不聽話」；若成功了，是他「早就說了」

149

第四章　說話也能厚黑？──操弄性語言與心理控制術

這種話術最終形成的就是「失去自我權衡能力」：你不再相信自己的判斷，而選擇相信說這話的人。

「為你好」的文化根基：亞洲職場的隱性控制系統

在華人文化與日本、韓國等儒家影響深厚的職場中，「長幼有序」、「尊重前輩」、「不抗拒好意」這些文化元素，使得「為你好」成為最無法抵抗的語言形式。

這種文化語境中，「拒絕關心」會被視為失禮，「堅持己見」會被解讀為傲慢，「回應合理質疑」會變成「情緒不成熟」。在這樣的環境下，厚黑者說出「我是為你好」這句話時，幾乎是無敵的。

而當整個組織默許這種語言成為互動主流，員工就會逐漸習慣以討好代替對話、以自責代替質疑、以壓抑代替回饋。

如何回應「為你好」的話，而不破壞關係？

以下是幾種語言與心理策略，協助你在保持尊重的前提下保護自我主體：

- 拆解語義：「我很感謝你的提醒，但我想先了解你是根據什麼擔心這點的？」
- 明確界限：「我願意考慮你的建議，但最後選擇我會自己承擔。」
- 反問動機：「你說這是為我好，那你會介意我選擇不同做法嗎？」
- 尊重回絕：「我知道你是出於好意，但我希望這次可以試試看自己的方式。」

第二節 「我這麼說是為你好」：情緒勒索者的道德假面

■ 補充後設語言：「我不是否定你，但我想讓彼此的界限更清楚，這樣對我反而是更安全的幫助。」

這些說法不僅能破除話術，也能讓對方重新思考他的語言方式是不是過度越界，而非單純將你框入「不受教、不成熟」的角色。

不接受「為你好」不是自私，是成熟

厚黑話術之所以擅長假借好意，是因為它深知我們渴望被關心、被指導、被照顧。但關心若無界限，就是控制；指導若無討論，就是壓迫；照顧若不容質疑，就是勒索。

我們可以接受建議，也可以反問立場；我們可以理解善意，但不必順從善意之下的操控。我們不必否定所有「為你好」的語言，但我們應該有能力辨識，什麼是愛的提醒，什麼是權力的外衣。

真誠不該是獨裁的遮羞布，而是一場雙向願意承擔風險的對話。這才是關係，也是尊重。

第四章 說話也能厚黑？——操弄性語言與心理控制術

第三節　當話語成為權力：說服理論與話術的灰色應用

在傳統觀念中，權力似乎來自位階、制度或資源。但現代心理學與語言學早已指出，話語本身就具備建構現實與操控行為的權力。而厚黑者深諳此理，他們不是大聲壓制，也不一定直接命令，而是用一套精密設計的語言邏輯——一句一句、一層一層——讓你「自己做出對他有利的選擇」。

這不是單純說服，而是將說服包裝為選擇自由、將操控偽裝成尊重、將權力化為語言氣氛中的默認共識。從銷售現場到辦公室會議，從主管對下屬到團體中話語領導者，厚黑者操弄話語的本事，不在於內容的正確性，而在於誰能定義問題、設定選項、安排對話流程與結束語句。

說服與操控的心理學：影響與同意不是同一回事

社會心理學家羅伯特・席爾迪尼（Robert Cialdini）提出說服的六大原則——互惠、承諾與一致性、社會認同、喜好、權威與稀缺——被廣泛應用於行銷與人際影響中。然而，當這些技巧被厚黑者運用，其本質往往從「正向影響」轉化為「灰色操控」。

舉例來說：

- 互惠原則：「我之前幫你那麼多，這次你應該也懂我的意思吧？」
- 承諾原則：「你之前說會全力支持這案子，現在怎麼可以改口？」

- 社會認同:「大家都已經表態支持,你是不是還有什麼顧慮?」
- 權威認同:「這是老闆也同意的方向,我只是照規劃執行。」

這些話語看似中性,實則是建立在一種「你不這麼做就等於背叛」的心理機制上。它讓你非理性地服從,卻以理性為外衣;讓你失去主體性,卻誤以為自己做出了選擇。

話語策略如何構成職場中的「語言支配權」

厚黑者懂得操作「話語中的地位排序」,也就是誰能:

- 定義問題的本質:「問題不是在執行,是在態度。」(將焦點從事實轉向人)
- 框限選項的範圍:「我們不是選 A 或 B,而是看誰更適合現在代表部門。」(語言上塑造二擇一假象)
- 預設共識的存在:「我知道大家其實都傾向這個方向。」(即便沒人發言,也先替大家決定)
- 主導時間節奏與結論總結:「我們今天先這樣,不多做討論,避免影響士氣。」(壓制後續反應空間)

這些語言技巧在厚黑者手中並非為了協調,而是為了讓異議者看起來「不識時務」、讓反對聲音變成「情緒化」,最終讓整體團體意志朝他所安排的方向「自然發展」。

第四章　說話也能厚黑？—操弄性語言與心理控制術

案例解析：會議裡話語排序的厚黑劇場

某家科技公司內部進行專案負責人輪替，資深主管 A 提議由他人接任，但未明言人選，會議中說：

「這次接下來的市場策略是非常關鍵的，我們需要一個對產業脈絡熟悉、與業務關係密切的人來主導，某某在這方面確實表現穩定，團隊也一直很信任她。」

這段話其實已經完成了：

- 預設接任條件（熟悉產業、關係密切）
- 認定唯一人選（只有某某符合）
- 消除其他競爭可能性（沒人被點名、也沒明言開放提名）
- 讓不同意見變成「不尊重穩定運作」的立場

此時若有人提議他人接任，便會顯得破壞平衡、否定共識。這就是話語的支配效應：在你發言前，局已被說話的人劃定完畢。

說話的順序＝權力的順序

厚黑者會特別爭取會議中「發言順序」，也會利用空白段落插話、用「總結者」語氣發聲。這是因為：

- 第一發言具有定調效應
- 最後發言具結論效應
- 中段插話能破壞對方邏輯連貫性，打亂對手敘事節奏

所以在策略性會議中，厚黑者常故意慢半拍回應：「我聽完大家的意見，覺得其實我們可以退一步來看……」表面謙虛，其實是奪取總結主導權，決定接下來該怎麼看、怎麼想。

當語言技術失去倫理，說服就變成了包裝暴力

說服的本質應該是促進理解、協助選擇、尊重對方的自由意志。但當說服技巧被厚黑者使用時，它就變成了：

- 偽善包裝：用理性說法包裹強制立場。
- 責任轉嫁：讓結果看起來是你自己選的，但其實從頭到尾你只有一條路。
- 話語壟斷：剝奪他人表達權與提問空間，使所有質疑變成「破壞團隊情緒」。

厚黑說服的可怕之處不在於它多凶狠，而在於它說得太有道理，讓你不敢反對，甚至開始懷疑自己的想法是不是太幼稚、太自我、太偏執。

如何面對厚黑話術下的說服攻勢？

1. 重建語境而非回應語句

問：「我們是不是可以多一點時間釐清其他方案？」而不是直接對他的論點作反駁。

2. 拒絕接受預設前提

若對方預設問題是「你不夠積極」，試著問：「我們評估積極的指標是什麼？」

3. 要求具體而非抽象語言

面對「大家都這樣覺得」，你可以說：「方便舉例是哪幾位同仁嗎？」

4. 搶回語言主導權時，使用後設語言

例如：「我觀察到今天的討論很多是在誰適合這個職位，但似乎我們沒有談論過我們最需要的特質是什麼。」

後設語言能讓你脫離對方設計的語言場景，從語言之上重新設定對話邏輯。

言語不是中性的，話語即權力

厚黑者之所以可怕，不是因為他們話術多高明，而是因為他們話術中的立場不會明說，卻早已框住你要怎麼說、怎麼想、怎麼選擇。

當我們開始辨識出誰在定義問題、誰在限制討論空間、誰總在會議中成為結語者，我們才能看見：有些話不是為了討論，是為了定局；有些語氣不是為了溝通，是為了統治。

辨識話語權力，是現代職場自我保護的起點。因為語言，不只是一種表達，更是一種結構——結構裡，誰說話，怎麼說，能不能說，決定了整個組織的真相與假象。

第四節　明示、暗示與隱喻：厚黑話語背後的認知操作

厚黑話語之所以難以反擊，不在於它多直接，而在於它從不真正「說清楚」。相反地，它擅長藏身於語言模糊性中：不明說你的錯，只暗示你該檢討；不否定你的表現，只拋出一個讓人尷尬的玩笑；不直接發號施令，只用一個比喻暗示「懂的人就知道該怎麼做」。

這種語言風格在語言學上被稱為「間接語言行為」（indirect speech act），在心理學上則是典型的語用認知操控 —— 說話的人永遠在語義與語用之間留下一段距離，好讓自己進可攻、退可守。

這一節，我們將拆解厚黑話語最擅長的三種語言策略：明示、暗示與隱喻，看見厚黑不是靠語氣壓人，而是靠「讓你自己填空、讓你自己懷疑、讓你自己選擇沉默」的高段心理操作。

明示不等於清晰：話語的語境操縱

所謂明示，是語言中表達明確立場與觀點的話語形式。但在厚黑話語中，即使句式上明白，意圖卻可能高度模糊。例如：

- 「這件事情我們不說對錯，就看誰處理得比較順。」
- 「我沒有說你做得不好，只是整體協調上還有進步空間。」

這類語言的特徵是：主詞被模糊、標準不明確、邏輯模糊但情緒明確。你聽得出是在講你，但無從辯駁；你知道不被肯定，但不知道哪裡

出錯;你被指責,卻無指控可回應。

這樣的明示話語,其實是一種語境上的「語用鉗制」:說話者故意保留空白,讓你自我詮釋、自我約束。

暗示:厚黑語言最常用的攻防技術

暗示是語言中最陰柔、最具心理穿透力的工具。厚黑者不會說你不好,而是讓你自己懷疑自己是不是「讓大家不舒服」。他們不會對你發火,而是突然靜默三秒,然後說一句:「我沒什麼意思,你不用太緊張。」

這種話語策略背後有三大功能:

(1) 情緒轉移:說話者將不滿轉嫁為語言中的「你自己去感受」,讓你主動調整而非他主動提要求。

(2) 責任抽離:因為沒有明講,所以未來有爭議時可以說「你自己多想了」。

(3) 心理內爆:聽者容易進入「自我審查-自我否定-自我壓抑」的循環,厚黑者不需動粗,便完成操控。

典型話語如:

- 「這樣做你當然可以啊,我也只是提醒一聲。」
- 「你想怎麼處理都行,我只是分享一下其他人的做法。」
- 「我沒說你錯,只是我也不知道為什麼最近會這麼卡。」

這些話沒有責任、沒有標準,但讓你立刻進入「我是不是該檢討」的心理模式。

第四節　明示、暗示與隱喻：厚黑話語背後的認知操作

隱喻：用語言創造現實的厚黑手段

隱喻在語言學與認知心理學中是一種「跨域映射」：用一個概念來表述另一個不明確的概念。厚黑語言極度依賴這種技巧，因為隱喻不僅能裝飾語言，更能轉換話語焦點與主導權。

常見隱喻型厚黑話語如：

「這個案子我就不多說了，誰是板機誰是扳手，大家心裡有數。」

「有些人專門吃糖，有些人專門吞苦藥，誰是哪種人，其實一看就知道。」

「公司不是托兒所，凡事都要別人收尾，早晚會被市場教訓。」

這些話語從不具名、不指人，但每個人都知道指誰。這種「全場聽懂，但無從澄清」的語言策略，是厚黑話語中最具傷害性的一環。

它結合了：

- 隱喻的形象性與情緒感召力
- 語境操作的話語模糊性
- 權力話語的話語支配性

最終形成一種既說了、又沒說；既指控、又免責的話語場域，讓厚黑者進退皆可，而受害者則無從言說。

案例分析：無聲的排除與語言的「氣味」

某媒體公司內部會議，主編在新人提案後只淡淡說：「這案子很有創意，但也很有『青澀感』，我猜你還沒太理解這個市場的味道。」

第四章　說話也能厚黑？──操弄性語言與心理控制術

這句話沒有直接否定，但所有資深員工都聽懂：「這提案不成熟，不合公司風格」。新人則陷入困惑：「我到底錯在哪裡？」而其他人則在會後笑著說：「他這樣說已經算客氣了，以前我們都被當場糾正。」

這就是厚黑語言中「語氣即排他」的實例。話語中的語用訊號早已完成了「誰是內部、誰是外部；誰是成熟、誰是門外漢」的文化建構。一場看似簡單的評語，卻完成了社會位置的界定與話語秩序的劃分。

如何辨識厚黑話語中的隱性操控？

1. 語言背後是否藏有評價或階層標籤？

   例如「這是年輕人會想的做法」、「這樣的風格很適合新創喔」。

2. 是否出現沒有主詞的批判語句？

   例如「有人會覺得這樣太冒進，但我沒有意見」。

3. 是否經常使用比喻、象徵而非明確說法？

   例如「這案子像是端出來的半熟蛋，看起來好吃，但下肚會不安」。

4. 是否常有「我沒說什麼」的語用迴避？

   當被追問時會說：「我只是講個感受，你怎麼反應那是你的事。」

如何破解厚黑話語的認知陷阱？

(1)　具體化模糊語言：「你剛說提案不成熟，可以具體說哪個部分嗎？」

(2)　拒絕心理投射：「我尊重你的感受，但我自己的立場與動機由我來說明」

(3) 轉化隱喻為事實問題：「你說的『味道』是指哪個環節的具體風格？」
(4) 反轉語境主導權：「我有不同理解，可以請大家聽完後再表達觀點嗎？」

透過這些回應，我們不僅能從話語控制中脫身，更能拆除厚黑語言的象徵結構，讓言說回歸誠實、直接與對話本質。

語言的灰色地帶，是厚黑者最喜歡的舞臺

厚黑話語不靠大聲、不靠權威，它靠的是語意模糊、語用含混與語境控制。它讓你自己懷疑、自己懸著、自己選擇退讓。它讓操控看起來像是關心，讓否定包裝成指導，讓貶低變成幽默。

我們無法改變他人說話的方式，但我們可以學會辨識、回應與設界。當我們不再害怕說：「我聽不懂你在暗示什麼，請直接講明白」，我們就能逐步奪回語言與心理的主權。

厚黑的話語，建築在沉默的默許上。拆解它的第一步，是讓它「不得不被講清楚」。

第四章　說話也能厚黑？──操弄性語言與心理控制術

第五節　控制還是真心？拆解高段話術的雙束訊息

「你可以放心做決定，我支持你——但你如果做錯了，就要負責喔。」

「你就做你覺得對的事，不過老闆的想法你也要顧一下。」

「我尊重你，但你這樣做真的讓我很難接受。」

在這些話語中，表面聽來語氣溫和、立場尊重，然而真正的接收者卻常感到困惑、內疚甚至焦慮——因為這些句子裡，同時存在兩個相互衝突的訊息，一正一負、一放一收、一給一奪。

這就是雙束訊息，厚黑語言操作中最具混淆性、也最難以反駁的話術模式。當你在「被給予自由」的語氣中，卻感受到「其實不能自由」的壓力時，心理張力便會啟動，使你為了穩定關係，只能選擇服從。

這一節，我們將從心理學與語言結構出發，拆解那些看似關心、實則控制的雙束訊息話語，並提供具體策略，協助你跳脫話語陷阱，重建溝通主體性。

什麼是雙束訊息？厚黑者的矛盾話術邏輯

雙束訊息理論由心理學家貝特森（Gregory Bateson）於 1956 年提出，原用來描述家庭互動中父母對孩子傳遞的矛盾訊號（例如「要你表達意見，但一講就被打斷」），而後被廣泛應用於探討人際操控、語言暴力與組織溝通失衡現象。

第五節　控制還是真心？拆解高段話術的雙束訊息

雙束訊息的結構如下：

- 傳遞兩個矛盾訊息（通常一明示、一暗示）
- 受訊者無法指出矛盾，或指出後會遭到否認（例如「你太敏感了」）
- 無法退出該互動情境（如親密關係、職場上下階層）
- 長期下來產生焦慮、自責與行為抑制

厚黑者善於將雙束訊息話術融入「好意」與「責任提醒」的語境中，讓受訊者在自由與壓力中左右為難，自動放棄對話空間。

雙束訊息的語言特徵：給你選擇，也給你懲罰

類型一：支持／質疑的雙訊號

表面訊息：「我支持你的決定。」

隱性訊息：「但我有點擔心你這樣會不會太冒進。」

效果：你會感到支持只是形式，實際上要你「自我審查」。

類型二：尊重／否定的雙訊號

表面訊息：「我尊重你的處理方式。」

隱性訊息：「只是這麼做會讓別人難以理解，別人可能會誤會你。」

效果：你會擔心自己的選擇會讓團隊情緒失衡，進而選擇服從。

類型三：給予／奪回的雙訊號

表面訊息：「這案子交給你決定就好。」

隱性訊息：「但我建議你還是多聽聽大家的意見比較保險。」

效果：你無法獨立行動，因為隱含「若不照我說的，你會出錯」。

第四章　說話也能厚黑？──操弄性語言與心理控制術

　　這些語言看似成熟、理性，但實際上形成壓迫性的「選擇表象」──讓你以為自己有自主空間，卻在無形中一步步被導向對方期待的選項。

案例解析：主管的雙束訊息讓團隊自我審查

　　在某金融業團隊會議中，主管表面上鼓勵創新：「我們需要更大膽的提案，大家不要被以往的做法綁住。」但當某位同仁提出前所未見的策略時，主管臉色一沉，語氣平靜地說：

　　「這個想法不錯，但我們要考慮到高層接受度。我是沒問題，但如果被問到我可能不好說明。」

　　這句話同時傳遞兩個訊息：

- 正向：想法有價值，我願意支持
- 負向：你這樣做會讓我難堪，我不會為你背書

　　最終結果是：該同仁當場收回提案，會議一片沉默。沒有人被命令，但每個人都選擇了自我審查。

雙束訊息的心理影響：你不是聽不懂，而是「不敢懂」

　　厚黑話術中使用雙束訊息的關鍵，不在於說出什麼，而在於製造不穩定的心理感受，使你開始懷疑：

- 「是不是我太敏感了？」
- 「我是不是誤解了主管的意思？」

第五節　控制還是真心？拆解高段話術的雙束訊息

- 「是不是應該先順著，日後再說？」
- 「講太直會不會讓場面難看？」

這些自我懷疑不是你情緒化，而是雙束訊息的設計目的：讓你難以捍衛自己，也難以確認現實。

如何拆解雙束訊息話術？

1. 辨認矛盾點，內部澄清

問自己：「這句話表面與實際含義一致嗎？我感受到的是支持，還是壓力？」

2. 將模糊訊息明文化

回應：「謝謝支持，但你剛剛提到的高層顧慮，是你建議我修改方向嗎？」

3. 釐清責任歸屬

詢問：「如果我選擇原本的方案，這會影響你對我的評價嗎？」

4. 建立回應框架，避免陷入對方話語劇本

可說：「我會考慮大家的聲音，但我會先完成提案後再討論調整。」

這些技巧的關鍵在於：不要陷入對錯辯論，而是讓對話回到具體、明確、可檢驗的現實基礎上。

第四章　說話也能厚黑？──操弄性語言與心理控制術

當你拆穿雙束訊息，對方會怎麼回應？

最常見的是：「你想太多了」、「我只是善意提醒」、「你幹嘛反應那麼大？」

這些回應其實是二次操作，試圖再次剝奪你的語言主體性與情緒合理性。因此你要學會不被挑釁，不被轉移，用語言穩定自己的立場，而非進入對方設計好的語氣戰。

善意包裝下的權力，不等於真誠對話

厚黑者的語言設計，不在於說得多漂亮，而在於說得多安全：既不承擔指控，也不給你辯駁空間。這正是雙束訊息的本質 ── 它讓你以為自己被尊重，實際上你只是被馴化。

當我們看懂這些話術結構，不再只是依靠語氣判斷善意、不再輕易以「他沒惡意」來消化矛盾，我們才真正有可能回到溝通的本質：清楚、對等、可選擇、不綁架的語言空間。

厚黑世界不缺話術高手，缺的是看懂話術後還能溫和堅定說出自己立場的人。

第六節　微笑背後的計算：非語言溝通的厚黑訊號

在職場互動中，我們常被告誡要「看表情、觀氣氛、懂眉角」，但這句話的潛臺詞其實是：話語只是表象，真正的意圖藏在語言之外。

厚黑者早已掌握這個道理。他們知道，一個表面溫和的語氣、一次深思熟慮的沉默、一個若有似無的微笑，可能比任何一句話更具壓迫力。因為非語言訊號無法被錄音記錄、無法成為證據、無法被精準定義，卻可以在群體氣氛中精準地傳遞控制與暗示。

這一節，我們將從非語言溝通的角度出發，揭示厚黑者如何透過「看起來無害」的微表情與肢體語言，進行心理優勢的建立與人際壓力的輸出。

非語言訊號的心理力量：不說話時最有力

根據社會心理學家艾伯特・麥拉賓（Albert Mehrabian）的研究，在表達情緒的情境中，語言本身只占 7%，語調與音質占 38%，而肢體語言則占 55%。這也意味著，在人際互動中，你感受到的多數壓力與威嚇，其實不是來自於「說了什麼」，而是來自「怎麼表現」。

厚黑者不必對你發火，只需要在你報告後，眼神飄過，嘴角略為上揚，沉默 2 秒再說一句「辛苦了」，你便會開始反思：「是不是我哪裡沒講好？是不是他不滿意？」

這種「模糊但強烈的訊號」，正是厚黑者賴以操控場域的心理策略。

第四章　說話也能厚黑？──操弄性語言與心理控制術

微笑不是鼓勵，而是情緒包裝的遮蔽工具

在厚黑語境中，微笑是一種控制訊號，而非親和表示。這種笑往往具有以下特徵：

- 眼神不動，只動嘴角（非真誠的杜鄉微笑）
- 微笑不消失，但語氣冷淡（語言與表情不一致）
- 微笑出現時伴隨停頓，造成回應壓力（例如笑完說：「你覺得呢？」）

這種「不表態的微笑」讓人難以判斷對方是否認同、是否生氣、是否期待回應。你被迫進入一場「情緒解碼」遊戲，但這場遊戲的規則由對方控制，輸贏卻由你承擔。

肢體語言的支配性：站哪裡、坐怎樣、靠得多近

在會議與合作中，厚黑者不靠權威位置，而靠場域操作來暗示自己的支配地位。以下是幾個常見手段：

- 占位式行動：會議中故意提早入場坐在視線中心、進門正對主講人位置，形成主導者印象。
- 靠近式監控：與你談話時特意拉近距離，透過空間侵入壓縮你的心理安全感。
- 低頭式審視：站著與坐著的人交談時，刻意保持物理高度差，形成「上對下」關係。
- 假裝無意的回頭看人：讓被看者產生「是不是我說錯了」、「我是不是太突出」的懷疑。

這些非語言行為並未明言權力，但會在日常反覆出現，在潛移默化中建立對方「他說得對、我該修正」的心理自我感知。

停頓與沉默：厚黑溝通中的最強技術

厚黑者懂得沉默的力量。說話之間的停頓，不只是語氣轉換，更是心理場域的重塑。

以下是常見厚黑式停頓策略：

- 故意在你發言後沉默 3 秒，然後轉向他人：讓你感受到自己「沒說到點」或「被忽略」。
- 中途打住話語，以表情觀察你反應：暗示「我看你怎麼反應再決定下一句話」，造成你表現上的過度緊繃。
- 對特定人笑，對你不笑：在多方互動中形成對比效應，傳達階層位置訊號。

沉默不是空白，是語言邊界的重新編排；厚黑者的沉默，不是不說話，而是用不說話說話。

案例觀察：一場沒有語言的「退讓協商」

在某人資討論會中，一名新人對績效指標提出異議，並要求釐清「主觀評價」的操作標準。主管沒有立即回應，只是慢慢地將筆放下，雙手交疊在桌面中央，望向該新人，微笑不語，靜默約 4 秒，接著轉頭看向另一名資深員工說：

第四章　說話也能厚黑？—操弄性語言與心理控制術

「我們這邊有新的想法嗎？」

這段反應中，主管未否定、未指責，但透過非語言訊號傳達了：

- 我不打算接你的問題
- 我期待有人跳出來「導正氣氛」
- 你所提的東西，不會被納入討論主軸

最終，該新人的提問未被記錄，氣氛轉向「維穩」。這是一場用微笑、眼神與時間設計完成的厚黑話語劇場。

如何辨識厚黑者的非語言訊號？

1. 情緒與語言是否一致？

微笑是否對應語意？眼神是否直視對話人？語調是否與內容情緒一致？

2. 場域控制是否被刻意安排？

誰總是搶先坐在哪裡？誰總出現在會議總結階段？誰常透過非言語打斷或中斷他人說話？

3. 你是否在對方表情出現後自我懷疑？

是否在他皺眉、沉默或不笑時立刻思考「我是不是說錯話了」？

這些都是厚黑非語言操控的「心理痕跡」，當你不是因為內容被影響，而是因為對方的表情讓你想改變自己的立場，那就該留意。

第六節　微笑背後的計算：非語言溝通的厚黑訊號

如何回應非語言厚黑行為？

(1) 釐清語言訊號：「我想確認一下，剛剛你的沉默是因為不同意，還是希望我再補充說明？」
(2) 不被空氣牽動行為決策：「我感受到今天有點緊張，但我認為我們還是可以把這個問題釐清再結束會議。」
(3) 建立中立觀察語言：「我觀察到這個議題提出後，我們好像比較少發言，是不是還有顧慮？」
(4) 拒絕被情緒交換綁架：「你的表情讓我覺得可能不太支持我的建議，如果有不同意見我很樂意聽具體的想法。」

這些說法不是挑釁，而是用語言讓語言以外的操控無所遁形，讓氣氛與情緒被說出來，而不是被默默利用。

厚黑話語，從來不只存在於「說」的表面

語言之外的溝通空間，是厚黑者最擅長部署的戰場。他們懂得如何站、怎麼看、何時笑、何時停頓，來打造出一個看似民主、實則支配的職場舞臺。

辨識這些訊號，不是為了對抗誰，而是為了讓自己不再被「語氣」、「氣氛」與「眼神」支配。真正的心理成熟，是當你可以說出：「我看見你的態度，但我仍然選擇保有自己的立場。」

厚黑控制的第一步，是讓你對他的沉默產生解釋義務；而反制的第一步，是你開始拒絕替他沉默解釋。

第四章　說話也能厚黑？─操弄性語言與心理控制術

第七節　拒絕話術的心理策略：如何說「不」而不破壞關係

「可以幫個小忙嗎？你比較熟啦。」

「拜託一下啦，就這次，不會耽誤你太多時間。」

「你如果拒絕，我真的會很難做人……」

這些話語，聽起來溫柔、誠懇、甚至帶點委屈，但背後卻隱含一種濃烈的情緒勒索與人際綁架。在厚黑文化盛行的職場與人際場域中，懂得如何「說不」是一種自我保護，更是一種心理成熟的表現。

但問題是，多數人怕說「不」會讓關係破裂、讓自己顯得冷漠、甚至被貼上「難相處」的標籤。於是他們選擇勉強答應、內心壓力飆升、私下埋怨、甚至爆發衝突。

這一節，我們要談的是：如何說出拒絕，而不被內疚與壓力吞沒？如何維持邊界，又不破壞關係？這不是技巧而已，更是厚黑語境中最核心的心理素養。

拒絕之所以困難，是因為你以為自己在「傷人」

許多人不敢拒絕，不是因為他們真的想幫忙，而是因為：

- 怕破壞和諧氣氛
- 怕被貼上冷漠、不合群的標籤
- 怕讓對方失望或難堪

第七節　拒絕話術的心理策略：如何說「不」而不破壞關係

■　怕日後自己被報復或邊緣化

但事實上，拒絕是一種自我邊界的聲明，而非人際背叛。若你總是讓對方決定你該做什麼、怎麼做、何時做，那你已經不是溝通者，而是被動接受者。

而厚黑者正是利用你這份「怕傷人」的心理，把不合理的請求合理化，把過度的期待轉化成「正常互動」。

拒絕的第一步：釐清「請求」與「壓力」的界限

拒絕並非一律說「不」，而是先釐清：對方的話語，是請求，還是包裹著操控的命令？

以下是幾種典型的厚黑話術，你可以學會辨認其背後的心理操作：

話術類型	表面語意	隱藏操控
情緒訴求型	「你是我唯一能拜託的人了。」	製造壓力感與道德責任
善意強迫型	「你幫我一下，我下次請你喝咖啡啦！」	預設回報等值關係，施壓而非交換
社會比較型	「其他人都答應了，就差你。」	利用從眾壓力削弱拒絕動機
道德綁架型	「我一直都幫你，你怎麼這時候就不幫我？」	將拒絕視為背叛與不講情義

辨認這些話語的意圖，是你選擇合理應對策略的基礎。不是每個請求都該被接住；不是每個情緒都該由你承擔。

第四章 說話也能厚黑?──操弄性語言與心理控制術

如何說「不」而不激怒對方?五種心理策略

1. 模糊式拒絕:延遲決策,降低衝突

「我現在手邊滿滿的,我想一下能不能排開時間,再回你,好嗎?」

→這種說法讓對方知道你不是立即答應型人,也留給自己緩衝與拒絕空間。

2. 轉移式拒絕:提供替代資源,轉移焦點

「這部分某某某比較擅長,我覺得請他幫會更有效率哦。」

→拒絕不等於推卸,而是適當引導請求方向,維持關係也保護自己。

3. 角色式拒絕:用制度與職責為自己設限

「我目前負責的是另一個專案,超出這部分我沒權限處理,怕耽誤你。」

→不用講情緒,而是講職責與界限,讓對方無從質疑你的正當性。

4. 情感肯定+行為拒絕

「我真的很想幫你,但現在我的身心狀態真的負荷不來,我也不想因此把事情搞砸。」

→強調「不是不在乎」,而是「目前能力有限」。讓對方感受到情感支持但行為上不配合。

5. 逆向鏡像式拒絕

「如果今天是你,手上還有三件急件,面對這種狀況你會怎麼分配?」

→引導對方自我察覺不合理請求,讓對方回頭看見自己立場的偏頗。

案例解析：新人拒絕支援老鳥後反而更受尊重

某電商部門，新人小華經常被資深同事要求幫忙處理 Excel 報表。起初他為了融入團隊，總是加班完成。某日他鼓起勇氣回覆：「我願意教你用這套公式，之後你應該也能自己跑，這樣比較有效率，對你也好。」

資深同事一開始臉色不好，但幾天後主動學習使用小華教的技巧，之後不再頻繁請求，也開始對小華表示尊重。

這個轉變來自於：小華沒有逃避，而是用拒絕建立了「我不是工具，我是夥伴」的自我定位。而厚黑者也知道，他無法再從這個人身上輕易取得服從。

說「不」不是關係的終點，而是自尊的起點

厚黑者最怕的是那些講話有界限、做事有原則、態度有彈性但不輕易退讓的人。因為這種人不會落入人情債的情緒勒索，也不會被模糊情緒挾持做出錯誤決定。

當你學會說「不」，你不只是保護了自己，也幫助對方分辨什麼是合理請求、什麼是自我過度擴張。這樣的互動反而更健康、更長久。

拒絕，是一種關係的成熟回應

在厚黑文化中，說「不」被扭曲成「冷漠」、「不合群」、「不講義氣」。但其實，真正成熟的人際關係，不該建立在壓力與內疚上，而是建立在選擇與尊重中。

第四章　說話也能厚黑？──操弄性語言與心理控制術

　　每一次你勇敢說「不」，你其實是在對對方說：「我重視你，所以我希望我們能以更健康的方式互動。」這種「善意拒絕」的語言，就是厚黑話術無法攻破的最後堡壘。

第八節　語言界限設定術：從「接話」到「止話」的心理技巧

在厚黑語言中，最容易被吞噬的，不是沉默者，而是那些太容易「接話」的人。

接話，是一種慣性：你怕氣氛冷場、你想表現配合、你不想被誤會不合群，於是你回應、延續、接著說——直到你發現，自己已經代替對方承擔了責任、做了選擇、甚至變成這場對話的背書者。

相對地，厚黑者常常不是主動者，而是話語的「發球者」：他不必直接要求，而是拋出一個句子、一個暗示、一個笑話，看你怎麼接。

語言界限設定術，就是要打破這種「你說我接」的潛在互動模式。從被動接話轉為主動止話，從言語延伸者變成節奏設計者，讓你在厚黑話語中不再失守。

為什麼「接話」會讓你掉進厚黑者設下的陷阱？

厚黑話語之所以有效，關鍵不在「說」，而在「讓你接下去」。這裡的「接話」包括：

- 解釋：「我沒有那個意思，我只是想說……」
- 緩頰：「我懂啦，我可能剛剛說得太直接了。」
- 附和：「嗯，你講得有道理，我可能真的沒想那麼多。」
- 默許：「嗯……好，我改一下吧。」

第四章　說話也能厚黑？──操弄性語言與心理控制術

這些回應表面看似和氣、理性，但在語用心理結構上，等同於對厚黑話語的「行為認可」。你一接話，對方就成功了。

厚黑話語最常誘發你「接話」的三種模式

1. 攻擊包裝成建議

例句：「你最近講話比較衝哦，我只是提醒一下，這樣同事可能會誤會你。」

常見接話陷阱：「有嗎？我只是覺得事情很急而已……」

→一旦你解釋，就承認「你講話可能真的太衝」，對方話語被強化。

2. 模糊投射引發不安

例句：「我最近聽到一些聲音，不知道是不是你自己也感覺到了？」

常見接話陷阱：「聲音是指什麼？是誰說的？」

→你一詢問，就把話語主導權還給對方。他會說：「我不方便說啦，你自己想一想就知道。」

3. 假裝關心實則勒索

例句：「我知道你壓力大，但你這樣做讓我也很為難。」

常見接話陷阱：「對不起，我真的不是故意的……」

→接話之後，你自動進入自責循環，對方得以站上道德高位。

第八節　語言界限設定術：從「接話」到「止話」的心理技巧

「止話」的原則不是冷漠，而是保護自我權限

很多人不敢止話，是因為怕被認為「不給面子」、「太強硬」、「不圓融」。但其實，止話並不等於拒絕溝通，而是避免讓溝通變成壓力操控的工具。

語言界限的設定有三個層次：

- 認知清楚：辨識出對方語句中的心理設計與邏輯陷阱；
- 情緒穩定：不在對方暗示下產生防禦、否認或過度回應；
- 語言設界：用簡潔、穩定、非敵意的語句讓話題歸位。

實用的「止話」語言策略

1. 轉向中性語境

例句：「這個話題我想我們之後有更合適的空間再談。」

→ 不否定對方，但先中止話題延伸。

2. 不接情緒，只回到事實

對方：「你這樣真的讓我很不好做人。」

回應：「我們先把目前這件事釐清，感受的部分我晚點可以聽，但我們先專注解決。」

→ 保持尊重，但劃清情緒與任務界限。

第四章　說話也能厚黑？──操弄性語言與心理控制術

3. 以詢問回應語氣，重設語用主軸

對方：「你不覺得這樣做很自私嗎？」

回應：「這個說法我想再確認一下，你是針對哪一個行為部分？」

→讓對方語氣落地、從感受轉為內容，避免被拉入道德二分對立。

4. 沉默不回＋身體語言設定距離

若對方語氣模糊、試探性暗示、不斷拋出言語鉤子，可使用非語言拒絕技巧：

- 不給眼神回應
- 靜默 3 秒後轉話題
- 僅以「喔」、「嗯」回應，未附延伸語句

→厚黑話語若無人接話，就失去氣氛能量。這種靜態抵抗是最有效的語用防禦。

案例分析：
從「接話成為背書者」，到「止話成為主體者」

某跨國公司臺灣辦公室內部討論部門改革時，一名資深同仁提出：「其實我們這裡最大的問題不是制度，而是有些人太過想出風頭。」

與他關係不錯的同事 A 下意識笑著說：「哈哈，你是說那個誰嗎？我懂啦。」

這句話接下去之後，該名「誰」的同事很快被邊緣化，甚至在評估中被列為「合作風格需調整」。

第八節 語言界限設定術:從「接話」到「止話」的心理技巧

幾次之後,A 學會在面對類似話語時,改用:「這問題可能每個人看法不同,我們也可以多討論看看,不急著定性。」

結果?厚黑者無法得到想要的「對話搭檔」,他只好收聲、轉移焦點。

這就是止話的力量:不是衝突,而是讓暗示找不到回音。

不延續,就是一種力量

厚黑語境中,你不是靠反駁贏,而是靠「不接招」守。當你學會分辨哪些話不值得回應、哪些情緒不必承擔、哪些暗示不該解釋,你就脫離了厚黑對你心智的綁架。

不是每一句話都要回,不是每一種語氣都要處理。你的沉默、你的轉話、你的界限,是對厚黑話術最強的回應。

真正成熟的對話,不是你說我就得接,而是你說,我可以選擇要不要讓這句話住進我的心裡。

第四章　說話也能厚黑？──操弄性語言與心理控制術

第五章
為什麼厚黑讓人累？
── 厚黑對心理健康的代價

第五章　為什麼厚黑讓人累？──厚黑對心理健康的代價

第一節　操弄者自己會幸福嗎？黑心行為的自我消耗效應

厚黑者在人際競爭中似乎總是占上風。他們擅長話術、精於操作，常能在他人還未反應時已搶得先機。他們被認為「懂得做人」、有手腕、有權謀。但當我們將目光從外在成就轉向內在心理世界時，問題開始變得複雜：

這些操弄他人、左右局勢的人，真的比較快樂嗎？

他們也許得到了升遷、資源、掌聲，但在無數心理研究中，一個驚人的結論逐漸浮現：厚黑的長期成本，極可能是對自己情緒穩定、自尊與關係感的慢性侵蝕。

這一節，我們將探討操弄行為對「操弄者自己」造成的心理反噬，包括內在空洞、自我疏離、慢性焦慮、信任枯竭與人際孤立的形成機制，試圖回答那個看似簡單卻極其真實的問題：

厚黑者，真的比較幸福嗎？

黑暗三角人格：不安自我與操控行為的共生關係

心理學上，「厚黑型人格」常與「黑暗三角」（Dark Triad）高度相關，包括：

- 自戀（Narcissism）：對自我價值的極度誇大與過度依賴外在認同。
- 馬基維利主義（Machiavellianism）：強烈的操控傾向、情緒冷感、目的至上。

- 反社會傾向（Psychopathy）：衝動性高、罪惡感低、同理心缺乏。

這三種人格特質不只讓人擅長厚黑，更揭示出厚黑行為背後的心理動機：深層的不安全感與對控制的渴望。

他們透過操控與表現控制外部局勢，來修補一個內在不穩定的自我。但這種修補是短期的、脆弱的，因為它需要不斷成功、不斷操控、不斷優勢才能維繫自我感。

自我耗損：黑心行為與自我認同的對撞

根據羅伊・鮑邁斯特（Roy F. Baumeister）的自我耗損理論（Ego Depletion Theory），每一次違反內在道德準則的行為都會帶來心理成本。如果一個人長期進行與自我價值不一致的行為（例如騙人、推責、背後放話），即使獲得外在成果，也會逐漸出現下列心理症狀：

- 認同空洞感：「我到底是誰？我這樣做是為了什麼？」
- 情緒遲鈍與虛無：「拿到東西卻不快樂、表面風光卻覺得空虛。」
- 自我責難與焦慮循環：「擔心被拆穿、害怕他人懷疑、無法信任關係。」

換言之，厚黑行為或許能解決現實問題，卻無法解決心理裡那種「我是不是被愛的」、「我這樣是否值得被信任」的根本渴望。

第五章　為什麼厚黑讓人累？──厚黑對心理健康的代價

操弄者的心理代價：五種內在反噬效應

1. 信任枯竭與關係焦慮

操弄者最常見的心理狀態是：「我可以掌控關係，但我無法相信關係。」

他們的每段人際互動都帶有計算與目的，因此反過來，他們也無法相信別人是出於真心。久而久之，人際成為一場無盡的攻防與心理博弈，關係變成一種壓力來源，而非滋養能量。

2. 慢性焦慮與過度警覺

厚黑者在權謀世界裡容易陷入「控制幻覺」：只要我想，所有人都會照著我設計的劇本走。但現實總有不確定性，於是他們總處於「怕被揭穿」、「怕失控」的心理高張狀態，長期下來極容易導致慢性壓力、焦慮症狀，甚至身心症（如失眠、過度疲勞）。

3. 自尊失調：表面自信，內在脆弱

厚黑者的自信往往建立在「別人看起來覺得我很強」之上。一旦沒有外部回饋，他們便感到不安與焦慮。這樣的「外在自尊依賴型人格」長期將自我價值寄託於成就、控制與勝利，一旦失敗，就會出現強烈自我否定甚至情緒崩潰。

4. 情緒疏離與心理冷漠

為了讓操弄有效，厚黑者往往需要壓抑共情能力。這使得他們逐漸對他人的喜怒哀樂失去感知力，久而久之，自己的情緒也變得遲鈍甚至空洞。他們懂得社交語言、擅長溝通技巧，卻難以真正體驗連結感。

5. 成就幻覺與持續匱乏感

厚黑行為的成功是一種「非對稱的成就」：你可能獲得資源、位置、掌聲，但這些來自操弄而非真正被信任。於是你總會懷疑：「我得到的是不是假的？」「別人會不會早晚看破我？」

這種心理結構產生一種「成就幻覺」與「持續匱乏感」的矛盾共存——得到了，卻總覺得還不夠；被讚賞了，卻總覺得是假的。

厚黑性格的心理代價：黑暗特質與幸福感的矛盾

《個性與社會心理學雜誌》的一項大型橫斷研究指出，擁有高馬基維利傾向的人，雖然在短期內更容易掌控資源、取得升遷機會，展現出極具策略性的社會功能，但其主觀幸福感與人際滿意度卻顯著低於那些較少操控傾向的人。這意味著，他們在追求外在權力的同時，往往付出內在情感連結與心理安適的代價。

此外，研究也發現高自戀者雖容易因外界讚美而產生短暫情緒高潮，卻難以維持長期穩定的心理幸福感。其內在幸福曲線下降速度甚至快於一般人，並且在評估親密關係的品質時，常因過度專注自我而出現明顯劣勢。這類人格傾向者，往往在渴望認同與掌控他人之間擺盪，最終進入一種「表面風光，內心空虛」的心理狀態。

這些研究結果揭示一項深層心理事實：厚黑式的成功，不只是社會倫理的灰色地帶，更是心理耗損的隱性代價。操控他人、背離誠信雖能短暫換得權力與成果，卻會逐步侵蝕個體的幸福調節系統，導致自我整合困難、情感冷感與持續的不滿足感。所謂「黑心的人不會快樂」，不只是道德警語，更是經過實證支持的心理命題。

第五章　為什麼厚黑讓人累？—厚黑對心理健康的代價

厚黑能讓你贏得戰局，但輸掉你自己

在每一場人際操作、每一次權謀得利中，厚黑者或許短期占盡上風。但在時間的長河中，他們往往會發現：真正的穩定與幸福，不是操縱來的，而是信任給的；不是得來的，而是被選擇的。

當你需要用心機維繫每段關係、用話術包裝每句言語、用恐懼取代信任，你或許能掌握局勢，但你已經失去一件最重要的東西：

那個真實而寧靜的自己。

第二節
被厚黑影響的心理創傷與後遺症

當我們談論厚黑文化對社會造成的影響時,焦點往往集中在它如何助長不公平、破壞制度、侵蝕信任。但在每一場操弄之後、每一段被利用的人際關係中,其實還有一個被忽略的主體——被厚黑的人。

那些被陷害、被推責、被邊緣化、被當工具的人,表面上可能仍維持禮貌、繼續工作,但心理學研究告訴我們:厚黑行為不只是一場權力操弄,更可能是一種慢性創傷的來源。

它不像創傷事件那樣劇烈、突發,但它以持續性、不可反抗與高壓性,一點一滴地削弱個體的安全感、自我感與人際信任。

本節,我們將聚焦於厚黑帶來的心理創傷類型、常見後遺症狀,以及這些經驗如何悄悄改變一個人的心靈結構。

慢性厚黑創傷的特徵:不是重擊,而是長期滲透

心理學家茱蒂絲・赫曼(Judith L. Herman)在其經典著作《創傷與復原》(*Trauma and Recovery*)中指出,慢性創傷(chronic trauma)的本質,不在於一次性的劇烈衝擊,而是受害者長期處於**無法逃脫的環境中**,不斷經歷**對自我主體性與尊嚴的剝奪與侵蝕**(Herman, 1992)。這類創傷情境常見於家庭暴力、長期監禁、情緒虐待、性侵倖存者與戰俘經驗中,其共同特徵是:受害者無法掌控結束的時機,也無法主動改變關係的權力結構。厚黑造成的心理創傷符合以下幾項特徵:

第五章　為什麼厚黑讓人累？——厚黑對心理健康的代價

- 權力不對等：來自上位者或資源掌握者，讓人難以反抗。
- 難以明言的壓迫：不一定有明確傷害行為，但持續語言暗示、責任轉移與人際操作。
- 社會支持稀薄：因為行為包裝得體、證據模糊，受害者常無法獲得群體理解。
- 長期無法釐清錯誤歸屬：內化「是不是我真的太敏感」、「我是不是太弱」的自我質疑。

這些元素讓厚黑造成的心理傷害不像明確霸凌那樣外顯，卻更容易轉化為內在慢性創傷，並在時間中持續擴散。

五種厚黑創傷常見後遺症

1. 自我否定與認知扭曲

被長期操弄、指責與邊緣化的人，最常出現的心理現象是「自我歸因錯誤」。

他們會說：

- 「一定是我太不圓融，才會讓別人對我有意見。」
- 「我是不是講話太直，才讓主管不喜歡我？」
- 「是不是我能力真的不好，所以別人會排擠我？」

這些語句反映出被動內化壓迫邏輯的心理結構。即使當事人是被害者，他也會相信自己「應該更好」，否則就該承擔現在的一切。

2. 人際信任瓦解與社交退縮

當厚黑操弄來自最親近的同事、原本信任的主管、曾經互助的夥伴，受害者最深的痛往往不是行為本身，而是「原來你也會對我這樣」的信任背叛。

長期下來，他們會產生以下反應：

- 不敢說真話，怕被利用；
- 拒絕建立親密關係，怕再次被背叛；
- 社交變得功能化，只為應付，不再投入。

這是一種心理的自我保護，但同時也是人際關係的瓦解。

3. 情緒過度反應與內化羞辱

長期處於「明說會被打壓、不說又受傷」的語言場景中，受害者會開始產生：

- 一句平常語言就過度焦慮：「你是不是不相信我？」
- 無法區分批評與攻擊，全部視為人身否定；
- 極度敏感於氣氛變化，甚至會出現焦慮性社交恐懼。

這些反應並非過度，而是長期壓抑與羞辱累積的後果。

4. 創傷後社交迴避與關係冷感

不少在厚黑場域中受過傷的人，會選擇從此「保持距離、冷處理」：

- 面對新關係先假裝冷漠，視為「自保」；
- 即使想幫人也選擇不說，怕「捲進是非」；

第五章　為什麼厚黑讓人累？—厚黑對心理健康的代價

- 對溫柔、善意的人保持懷疑：「這人是不是別有用心？」

他們不是冷血，而是已經不知如何再次相信。

5. 職業倦怠與無力感

厚黑創傷若未處理，最終常會演變為「心靈脫鉤」：

- 開始認為努力無用；
- 看不到制度會改變的可能；
- 產生「我只是來上班，不要管太多」的心理防衛。

這種狀態不僅影響工作效能，也讓個體在內心深處失去目標感與價值感。

案例：厚黑操弄下的心理崩解

「那時候我只是報告資料進度，結果主管當場說我『在推卸責任』，還用開玩笑的語氣問：『妳確定妳做的是這個層級該有的表現嗎？』」

瑋婷，一位 30 歲的人資專員，曾在高壓政治文化的公司待了兩年，最終確診焦慮症並辭職。她說：「我不是不努力，也不是不誠懇，但每一次開口都可能成為被攻擊的材料。我寧可不講、不做、不想。」

她的經歷並不孤單，從心理學視角看，厚黑文化構成的是一種「慢性結構性創傷情境」（Herman, 1992）所描述之創傷經驗高度重疊──即個體長期無法逃離施壓場域，並持續經歷自我主體性與尊嚴的剝奪。語言操弄、關係勒索與情緒勒迫等互動模式，使受害者漸漸失去界限感、辨識力與反抗能力，最終進入一種「自我解離」的心理狀態。

心理創傷，不一定需要暴力，有時只需要沉默與操控

許多厚黑創傷的可怕之處，在於它無法清楚指認。它不像騷擾或霸凌可以立案，也不像攻擊可以直接反擊。

它發生在「笑著說的話裡」、發生在「沒人幫你講話的時候」、發生在「你不知道為什麼被討厭」的那一刻。這是一種語言性、結構性、文化性的慢性傷害。

你不是太脆弱，而是你太誠實、太信任

厚黑讓人受傷，不是因為你太弱，而是你還相信可以真誠互動、可以用努力換來公平、可以不計算而依然活得好。

這些相信一旦被打破，就不只是一份工作、一段關係的結束，更是一個人對世界基本信任的撕裂。

但也正因為如此，這份傷害值得被說出、被辨識、被修復 —— 因為厚黑奪走你的不是什麼實質，而是讓你開始懷疑「我是不是不該再那麼真心」。

願你記得：傷痛不是證明你錯了，而是提醒你 —— 你仍值得過得清明、有尊嚴、有力量。

第五章　為什麼厚黑讓人累？──厚黑對心理健康的代價

第三節　長期在人際賽局中，為何我們開始懷疑自己？

你是否曾在會議中表達意見後感到懊悔，不是因為你講錯，而是因為「好像太真了」？

你是否在某些職場或家庭互動中，不斷被旁敲側擊、曲解言語，結果讓你開始懷疑：「是不是我真的太敏感？」

你是否經常告訴自己：「算了啦，不要那麼認真，別人怎麼做我就怎麼做就好」──但說完這句話的同時，也覺得自己有一點不對勁？

這些現象，不是個案，而是當我們長期處在人際操作與厚黑賽局中，所發展出的一種深層心理適應機制──自我懷疑與自我定位混亂。

本節，我們將分析這種現象背後的心理學機制，說明為什麼厚黑文化不只是操控他人，也會在潛移默化中侵蝕你對「我是誰」與「我做的對不對」的基本判斷力。

當「真誠」變成「不成熟」的標籤

在厚黑文化盛行的環境中，一種常見的潛臺詞是：「太直率就是沒EQ」、「太有原則就是不懂人情世故」。於是，我們逐漸學會了：

- 要說得不清不楚，才不會留下把柄；
- 要故作從容，否則情緒會變成弱點；
- 要懂得計算利害，否則你永遠是被操縱的那個。

這種文化氛圍會在無形中形成一種「逆向的社會化」：你原本認為對的事，被視為天真；你堅持誠實，卻被批評太直接；你想幫助別人，卻被質疑有目的。

當外部不斷否定你的價值信念，你便開始否定自己：是不是我錯了？是不是我太不懂遊戲規則？

這是厚黑文化最深的影響：讓誠實者懷疑誠實、讓溫和者覺得軟弱、讓有原則者變得沉默。

社會比較與自我價值崩潰：
你不是輸在能力，而是輸在場面話

社會比較理論指出，人們在缺乏絕對標準時，會傾向以他人為參照點。厚黑文化中的社會場域，卻經常提供一種失真的比較座標：

- 你不懂拍馬屁，別人升遷了；
- 你坦白說話，別人閃躲過關了；
- 你公開承認錯誤，別人躲起來反而沒事。

當這些現象不斷重複，你便容易開始產生「相對剝奪感」與「自我價值錯位」：我這樣做值得嗎？還有人跟我一樣嗎？我是不是活該吃虧？

這種比較不只削弱你的信心，更可能讓你開始學習厚黑行為 —— 不是因為你喜歡，而是因為你太想生存。

第五章　為什麼厚黑讓人累？—厚黑對心理健康的代價

「我是不是太敏感了？」：內化羞辱的開始

在厚黑場景中，一句善意的提醒可能變成攻擊，一個正直的反應會被解讀成「太情緒化」。而當你試圖表達感受或界限時，常被回應：

- 「你不要想太多啦，我沒那個意思。」
- 「你會不會太玻璃心了？」
- 「做人不能太認真，這世界不是只有對錯。」

這些語言不只中斷了你的表達，還反轉了責任與價值，讓你開始懷疑自己「是不是太敏感、太不成熟」。

這種現象稱為內化羞辱（Internalized Shame），是一種被外界否定後轉而責備自己的心理機制。它會逐漸產生以下副作用：

- 拒絕再主動發言
- 壓抑情緒與需求
- 在心中建立一套「別惹麻煩」的應對準則

這些反應不是成熟，而是防禦性退縮的結果。

長期博弈中的心理疲勞：自我價值的慢性耗損

若你長期處於厚黑密集的人際環境中，你可能會出現以下「心理疲勞症候群」：

- 自我定位模糊：「我已經不確定自己原本是怎樣的人了。」

- 情緒回饋扭曲：「我現在覺得被誇獎反而有壓力,不知道是不是話中有話。」
- 行為壓抑與退讓：「就算我想說什麼,也會先想『值得嗎？』」
- 價值疲乏與認知麻木：「不想再思考是非對錯了,只想平安下班。」

這些心理反應若未被意識與處理,最終可能轉化為職業倦怠、冷感關係、情緒隔離,甚至是自我效能感的瓦解。

案例：從主動到沉默的心理歷程

昱廷曾是某企業內部最積極的專案協調者。他習慣直言指出問題,也曾多次主動補位協助同仁。但在一年多的時間裡,他三度被誤會「太愛出風頭」、兩次被主管公開質疑「為什麼總是在別人面前挑毛病」。

最終,他學會了閉嘴。他說：

「我沒變,但我不想再被貼標籤。我寧可做得剛好、不惹事、不多說。」

這是一個經典的「厚黑消音效應」：操弄不是讓你改變行為,而是讓你關掉自我。

自我懷疑不是脆弱,而是還沒找到回音的信念

你會懷疑自己,不是因為你錯,而是因為你太習慣自己在這種文化裡總是少數。

但這個時候,請問問自己幾個問題：

第五章　為什麼厚黑讓人累？—厚黑對心理健康的代價

- 如果今天不是我，而是我朋友經歷這些，我會怎麼說？
- 那個還相信正直有價值的我，真的該為了適應現實而消音嗎？
- 我的沉默，真的會讓事情變好，還是只是讓厚黑更加蔓延？

當你開始問這些問題，你其實已經開始重建自己的價值定位系統——不再靠他人的遊戲規則來定義自己，而是回到那個誠實、溫柔、願意理解世界的你。

厚黑讓你懷疑自己，但你不必懷疑你最初的光亮

在厚黑構築的世界裡，會讓人以為只有扭曲才能存活、只有沉默才能安全。但這其實是一場集體誤導。

真正的堅強，不是學會操作，而是即使在懷疑中，你仍願意保留那份對善的相信、對人性的信任、對誠實的渴望。

你不是太敏感，而是你還能感覺；你不是太真誠，而是你還沒有放棄自己。

第四節　厚黑關係中常見的「認知扭曲」與情緒內化

你是否曾這樣懷疑過自己：

- 「是不是我真的太敏感，才會覺得他是在針對我？」
- 「可能是我不夠聰明，才會讓別人這樣操作我。」
- 「我是不是做得不夠好，才讓主管在會議上那樣講我？」

在厚黑文化盛行的職場與家庭中，我們常被灌輸一種語言：你不能太在意、不能太玻璃心、不能太直接、要會做人。

但事實是，當這些語言不斷出現，我們的思維就開始產生扭曲，逐漸將他人的操控、操弄、冷處理或輕蔑，合理化為「我不夠好」，或「是我想太多」。這不只是誤會，而是一種深刻的心理適應問題。

本節將聚焦在厚黑關係中常見的六大認知扭曲模式與情緒內化機制，協助你辨識、拆解並恢復思考與感受的真實權力。

認知扭曲：當我們開始用「錯誤的語言」解釋世界

根據認知行為療法（Cognitive Behavioral Therapy），「認知扭曲」（Cognitive Distortion）是指人們用非理性、非事實依據的思維模式去解釋事件、評價自己與預測他人反應。

在厚黑環境下，這些扭曲不只來自自己，而是透過權力話語、操弄語境與沉默氛圍內化形成。

第五章　為什麼厚黑讓人累？——厚黑對心理健康的代價

以下是最常見的六種扭曲模式：

1. 過度責任歸因

受害者傾向把他人的情緒與反應解讀為自己的錯：

- 「他今天那麼冷，是不是我哪裡做錯了？」
- 「主管開會不理我，是不是我表現不夠好？」

但事實可能只是對方心情不好、與你無關。但長期處於被監控與批判的環境裡，你會自然養成「錯都可能在我」的思考習慣。

2. 讀心術推論

你總覺得別人話中有話、表面笑著但其實看不起你：

- 「他明明說『還不錯』，但感覺就是不認同我。」
- 「他一聽我發言就低頭，是不是根本不把我當回事？」

在厚黑語境中，不說清楚、讓你自己猜是權力的策略。久而久之，你會在互動中變得過度敏感與焦慮，卻無從驗證真相。

3. 情緒即事實

你覺得自己尷尬、不安，就推論一定是「我做錯什麼」或「大家不喜歡我」：

- 「我講話完覺得整個氣氛凝結，應該我太唐突了。」
- 「我有點不自在，這個部門應該不歡迎我。」

這是情緒與事實的混淆。但情緒可能只是你內在的創傷記憶在反應，不代表他人真的如此看你。

4. 應然信念

你對自己設下很多厚黑式準則：

- 「我應該不要太真誠，不然會被覺得太幼稚。」
- 「我應該學著圓滑一點，這樣才不會總是出事。」

這些「應該」不是你天生的價值，而是你為了生存而建立的自我壓迫規則。

5. 黑白思維

你把人際互動簡化為非黑即白：

- 「主管沒有稱讚我，表示他不欣賞我。」
- 「他沒替我說話，就是放棄我了。」

厚黑場域中模糊語言氾濫，讓人極度需要確定性，但過度二分反而會放大負面事件與錯誤解讀關係。

6. 災難化思維

你過度預測最壞結果，並為避免它而壓抑自我：

- 「如果我反駁主管，我的升遷可能就沒了。」
- 「我這樣講話可能讓大家覺得我很難搞。」

於是你選擇沉默、配合、撤退，但這樣的預期其實來自被厚黑壓過後的創傷記憶，而非現實可能性。

第五章　為什麼厚黑讓人累？──厚黑對心理健康的代價

情緒內化：把本該生氣的事情，轉成對自己的責罵

厚黑者最常見的語言策略是：「我沒有說你錯啊，是你自己想太多」、「我只是就事論事，你怎麼反應那是你自己的問題」。

這些語言讓你無法發怒、無從反擊，久而久之你會：

- 把別人的失禮當作「我太敏感」
- 把自己的憤怒當作「我不夠大器」
- 把他人的操作當作「我處事還不夠成熟」

這些不是反省，而是將被壓抑的情緒轉向自身的情緒懲罰與價值削弱。

案例分析：當認知扭曲變成行為迴避

淑芳在一家出版社擔任編輯，每次開會都被資深同事「半開玩笑」地質疑：「妳是不是又準備說實話讓大家尷尬？」

久而久之，她即使有意見也不再表達。她常對自己說：

「我是不是太愛出風頭？」

「是不是我應該先學會沉默，再去改變體制？」

她不再相信自己的直覺，也不再嘗試提出建議。她的沉默，不是選擇，而是被扭曲的自我保護。

從覺察開始：扭轉認知內化的四個實用方法

(1) 日記式反問：將情緒寫下，問自己：「這真的是事實，還是我對自己太嚴苛？」
(2) 真實他人驗證：找信任的朋友或同事問：「你聽起來覺得我做錯什麼了嗎？」
(3) 替他人想一想：如果你的朋友遭遇同樣情況，你會怎麼安慰他？為什麼對自己就不這麼寬容？
(4) 辨識語言操控：下次有人對你說「你想太多了」，你可以先問：「你可以具體告訴我哪裡是誤會嗎？」

這些練習不是要讓你反擊誰，而是讓你重新接手自己的語言與情緒解釋權。

你不是想太多，而是你還沒忘記什麼是真實

厚黑文化讓我們不敢相信感受、不敢相信直覺、不敢相信自己。但當你開始懷疑那些「我是不是太……」的語句時，也許那正是你的直覺在發聲。

你不是想太多，而是你感知太準、太細膩，只是沒人告訴你：那其實是優點，不是缺陷。

願你在辨識扭曲與內化之後，能重新相信：你的感覺、價值與直覺，從來就不必向厚黑世界妥協。

第五章　為什麼厚黑讓人累？—厚黑對心理健康的代價

第五節　將人當手段之後的內在失落感與孤立感

厚黑者最擅長「看清人性」，也最常說：「做人就該現實一點」、「大家都是互相利用」。他們熟知社交語言、知道哪句話該講、哪個人該靠、哪條線不能踩。他們往往在團體中如魚得水，看似擁有最多人脈、最強網絡。

但心理學研究與臨床觀察卻指出：那些最擅長利用他人的人，常常也是最深刻體驗孤獨與空虛的一群。

他們在人際中總是忙於計算，在關係裡不斷管理風險，最後不再相信任何人會真誠對待他們——因為他們自己就不曾真誠地對待別人。

本節將剖析「工具化人際觀」如何在無形中侵蝕操弄者自身的歸屬感、情感能力與存在價值，並說明為何厚黑者最終常常在權力高處感到情緒低谷。

當人變成「資源」，關係就失去了靈魂

根據克拉克與米爾斯（Clark & Mills, 1993）的交換與共同關係理論區分人際關係為「交換型」（Exchange Relationships）與「共同型」（Communal Relationships）：

- 交換型關係：建立在公平、互利與互換原則上。
- 共同型關係：建立在關心、付出與彼此照顧的情感基礎上。

第五節　將人當手段之後的內在失落感與孤立感

厚黑者的世界幾乎全是「交換型」，而且是高度精算版本。他們與人互動時會評估：

- 對方對我是否有用？
- 現在投資這段關係會不會有回報？
- 這次合作能否換取我未來的支持或影響力？

久而久之，他們不再問「我們是否互相信任？」，而只問「我怎麼用他最好？」

但這樣的關係雖然可以獲得「協助」、「配合」與「資源」，卻無法獲得「理解」、「支持」與「真正的陪伴」。當人不再是人，而是工具，關係也不再能給人溫暖與穩定感。

工具化人際的心理副作用：失落感、孤立感與空心感

1. 深度連結的缺席

厚黑者在人際上往往具有「高度接觸、低度連結」的特徵——他們認識很多人，但沒有真正能夠傾訴、卸下面具的人。

這種關係模式會造成一種高密度社交、低品質依附的狀態，讓人即使身邊人多，卻感到無比孤單。

2. 「別人都是工具」的反彈效應

當厚黑者總以工具心態對人，久而久之他們也會產生反射性不信任：「我都在算計別人，別人怎麼可能沒在算計我？」

這種不信任感會讓他們無法卸下心防、無法交出真實的情緒與脆

弱,也無法承受關係中的「不可控因素」,例如誤解、情緒爆發與親密期待。

結果是他們只能表面維持人際,內心卻逐步關閉情感迴路。

3. 情緒冷感與自我懷疑共存

在厚黑行為反覆使用後,操弄者會開始發現自己「好像不太能感受到別人的情緒了」。這是移情能力被壓抑的結果。

但情緒冷感並不代表穩定,它常常伴隨一種深層空虛與道德失溫——你知道你得到的是別人怕你、求你、算計你,但不是因為他們喜歡你、欣賞你或信任你。

這讓厚黑者即使站上高位,也會出現強烈的內在懷疑與價值缺失感。

案例:操控者的獨白

成文是某大企業的高階主管,他擅長精算人際,每次升遷都預判局勢、聯絡關鍵人、避免衝突。他的同事說:「他是我們這行最聰明的人。」

但在一次匿名心理諮商中,他說:

「我現在最怕的是放假。因為沒人在乎你真的過得怎樣,只在乎你能不能幫到他什麼。我朋友很多,但我其實沒朋友。」

這樣的說法不是自怨自艾,而是一種深層心理事實的流露:當你把每個人都變成「名單」、「對象」與「手段」,你也等於讓自己遠離了「關係」這件事的本質。

第五節　將人當手段之後的內在失落感與孤立感

工具化人際觀的最終代價：存在價值感的崩潰

厚黑者在人際中強調「我能操控誰」、「我能壓過誰」，但這些控制若未建立在價值與信任上，最終會讓他們在心理上出現「自我存在的空心化」：

- 我的價值＝我掌控了什麼，但當控制消失，我還剩下什麼？
- 我被需要＝我有用，但當我不再被需要，我還值得被愛嗎？
- 我設計人際關係＝我強大，但當關係無法被設計，我會選擇逃避嗎？

這些問題最終指向的不是厚黑者對他人的掌控力，而是他對自己的信任感：我是否能在不算計、不操控、不包裝的狀態下，被人喜歡、接納與信任？

如果不能，那麼所有的影響力與關係，都是在脆弱的砂土上建構的高塔。

你可以強大，但不必孤單

厚黑讓人感覺無敵，但真正的力量來自你敢與人建立真實連結、敢在關係中不設定劇本、敢承認你有時候也會需要別人。

人不是資源、不是籌碼，也不是工具。當你終於放下計算與操作，你才會發現：你不需要靠操控才有人愛你；你不需要靠手腕才有人願意陪伴你。

真正穩固的影響力來自你的人格，而不是你的設計。

第五章　為什麼厚黑讓人累？──厚黑對心理健康的代價

第六節　面對厚黑會焦慮、逃避或攻擊？防衛機制解析

厚黑操弄最令人不適的地方，並不是它有多凶狠，而是它經常在你來不及準備、無從反擊、甚至不確定是不是「有意」的情況下發生。於是，面對這種隱晦、曖昧、混合著人情與策略的語言場景，我們往往產生複雜又強烈的心理反應。

有人選擇壓抑與沉默，因為怕反應會被說情緒化；

有人選擇強硬與反擊，試圖用力維持自尊與立場；

還有人選擇冷處理或逃避，只為了保存自己不再受傷。

這些反應，其實都屬於心理學所說的「防衛機制」（Defense Mechanisms）──當現實壓力超過我們當下的心理承受力時，內心自動啟動的一種保護機制。

本節將透過心理動力學（Psychodynamic Psychology）與現代應對策略研究，系統化整理常見的厚黑互動防衛型態，幫助你理解自己的情緒反應，不再把每次逃避、暴怒或僵化都當成「我不夠好」，而能重新看見那些反應背後，其實藏著的是一個想要活下去的自己。

什麼是心理防衛機制？

防衛機制是由精神分析學家佛洛伊德提出、後由其女兒安娜（Anna Freud）與後續研究者發展的概念。其核心意思是：人在面對壓力、焦慮、

羞辱、恐懼等情緒時，會用各種無意識行為來保護自己的自我系統，避免內部崩解。

　　防衛機制不是「壞事」，它本質上是一種生存策略與心理韌性表現，但若長期過度使用或方式不恰當，則可能阻礙我們處理情緒與問題的真實能力。

厚黑情境下常見的七大防衛機制

1. 壓抑（Repression）：把受傷經驗「放進黑箱」

　　最常見的反應是「忘記」或「當沒發生」：

- 被主管當眾羞辱後，當事人選擇不提，甚至連自己都真的不記得細節。
- 每次開會前身體緊張，但無法具體說出原因，只覺得「我只是比較敏感」。

　　這是大腦自我保護的本能，但長期壓抑會造成焦慮、身體症狀與情緒僵化。

2. 否認（Denial）：不承認厚黑的存在

　　「不會啦，他應該不是針對我。」

　　「他應該只是工作壓力大。」

　　否認讓我們得以在短時間內維持對世界的安全感，但也讓我們無法辨識不合理的行為，進而失去設定界限的機會。

3. 投射（Projection）：把自己的情緒丟給他人

在被厚黑者控制後，內心感到無力與憤怒，但又不敢表達，於是可能轉向第三人：

- 對無關同事發脾氣
- 覺得別人在冷眼旁觀自己
- 批評別人不敢出聲，實則是在罵自己的無能

這是情緒的轉嫁，但也容易讓人際關係更加緊繃。

4. 合理化（Rationalization）：讓自己相信「這是應該的」

- 「主管那樣罵我，是為了我好。」
- 「職場本來就要現實一點，我只是還不夠成熟。」

合理化是最常見的厚黑環境適應反應。它可以減輕心理衝突，但若失去批判力，就會變成「內化厚黑文化」的入口。

5. 反向形成（Reaction Formation）：表面服從，內心對立

有些人在面對權威操弄時，會出現過度表現的禮貌與配合，但內心卻充滿厭惡與敵意。

這類人常在表面上「笑笑說好」，但私下出現反常的情緒反應（如爆食、失眠、說夢話），這是一種內外不一致的心理補償。

6. 退行（Regression）：心理年齡倒退

面對厚黑壓迫，有些人會出現無助、逃避、故意耍賴的行為模式，這不是幼稚，而是回到過去「被照顧者」狀態以求自保。

退行讓人暫時獲得安全感，但若未處理原始問題，也會讓心理成熟歷程停滯。

7. 幽默化（Humorization）：用玩笑掩蓋痛苦

- 「啊，我們部門就是這樣啦！能活下來就不錯了，哈哈哈。」
- 「被罵習慣了，不被點名我還不習慣呢！」

幽默是高度智慧的防衛機制，它能釋放壓力，但也可能讓真實情緒無法被辨認與處理。

案例觀察：一場厚黑會議後的防衛全圖

某跨國公司在一次績效檢討中，高階主管突然當眾質疑小組負責人的報告邏輯，語氣冷淡但充滿貶意。會議結束後出現以下反應：

- 當事人靜靜收拾資料（壓抑＋否認）
- 另一同事嘲笑說：「哇，今天總監開火啦！」（幽默化）
- 一位資深員工在茶水間說：「他平常就那樣，你別放在心上。」（合理化）
- 小組成員中午傳訊息怒罵主管（投射＋反向形成）

這些都是正常的人類防衛反應，但若不被意識與轉化，便會累積成長期倦怠與組織關係裂解的心理土壤。

第五章　為什麼厚黑讓人累？—厚黑對心理健康的代價

如何健康轉化防衛機制？四項心理修復策略

1. **寫下真實感受，而不是事件本身**

    問自己：「我覺得難受，是因為被懷疑，還是因為沒人為我說話？」

2. **允許負面情緒存在，不急著否定或合理化**

    每種情緒都在傳達「界限受侵」或「價值被踐踏」的訊號。

3. **找到安全對話空間（朋友、心理師、日誌）**

    說出來，不是為了解釋，而是為了讓情緒有出口。

4. **回顧自己的行動與選擇，找回主體性**

    「我當下選擇沉默，是為了保護自己。這不是懦弱，是判斷。」

    「下次我願意再試著說一次，但用更穩定的方式。」

你不是太脆弱，而是你在撐住自我

厚黑文化讓人反應變形、情緒扭曲、行為被動。但請記住：你的每一個焦慮、逃避或沉默，都是你在保護自己。

防衛機制不是錯，而是提醒我們：「那裡痛了、那裡累了、那裡想被理解了。」

願你能在厚黑環境中，不再責怪自己的不堅強，而是溫柔看見那個正在努力撐住的你——然後一步一步，找回能坦然說話、自在回應、不再只有防衛的你。

第七節　親密關係中厚黑的破壞性（從父母、伴侶到師長）

　　我們過去談厚黑，多半鎖定在職場、社交與組織權力。但現實中，最傷人的厚黑行為，往往發生在我們最信任的關係裡——那些本該成為避風港的親密互動中。

　　當厚黑成為父母教育方式的一部分、當伴侶用權謀語言處理衝突、當師長透過操控維持權威，原本該帶來愛、支持與成長的關係，卻變成了長期傷害與信任破裂的溫床。

　　這些關係最危險的不是外顯攻擊，而是你在關係裡明明受傷，卻又無法離開，甚至懷疑自己不該痛、不該反應、不該設界限。

　　本節，我們將從心理學角度分析厚黑進入親密關係後的破壞性，聚焦在三大核心場域——父母教養、親密伴侶與教育關係，說明這些操弄行為如何深層影響人的安全感、自我價值與情感信任力。

當「我是為你好」成為情緒勒索的正當語言

　　厚黑式親密關係的第一大特徵是：「話語披上愛的外衣，但實質作用是操控。」

- 「你要聽話，這樣我才不會難過。」
- 「我做這麼多還不是為了你，你怎麼可以這樣對我？」
- 「你自己想清楚，讓我這麼失望，是不是你真的太自私了？」

第五章　為什麼厚黑讓人累？——厚黑對心理健康的代價

這些話聽來像是關心，其實是一種情緒勒索型話語策略，其運作邏輯為：

利用他人對關係的重視→建立自責與恐懼→迫使行為服從與情緒妥協

尤其當這些語言來自原生家庭或伴侶時，會讓被操控者在心理上無法分辨什麼是關心、什麼是控制，進而出現以下反應：

- 難以設立界限，總覺得拒絕就是背叛；
- 情緒過度迎合，怕對方不開心就「不敢活出自己」；
- 長期產生「我怎麼做都不對」的無力感。

厚黑父母：當權威與控制披上親職外衣

在家庭中，部分父母長期使用厚黑式教育策略：

- 以比較與羞辱換取順從（「你看人家都比你乖」、「你讓我很丟臉」）
- 以犧牲與壓力捆綁情感（「我辛苦工作不是為了你嗎？」）
- 以「過度介入」掩蓋控制欲望（「我這是為了你不要吃虧」）

這樣的家庭互動造成孩子以下心理後果：

- 對愛與控制混淆不清，長大後容易在關係中陷入服從；
- 情緒辨識力低落，不懂自己的感覺有沒有價值；
- 過度責任感，把他人的不開心視為自己的錯。

第七節　親密關係中厚黑的破壞性（從父母、伴侶到師長）

這類子女在成人後往往會進入「關係適應型人格」狀態 —— 在任何關係中都習慣先放棄自己，以維持表面和諧。

厚黑伴侶：親密關係中的心理操控

親密關係中的厚黑，則以語言掌控、情緒操弄與選擇性親密為主要特徵：

- 話術壓制：「你說這些就是不信任我，我還要講什麼？」
- 迴避責任：「你自己生氣的事，我有講什麼嗎？是你玻璃心吧。」
- 關係操弄：「你不聽我的就不要來說愛我」、「你不想道歉，那就分手啊！這是你的選擇」。

這些互動會讓另一方出現：

- 極端焦慮：總怕惹怒對方，處處小心。
- 自我懷疑：不確定自己是不是「真的太敏感」。
- 情感疲乏：在關係中感覺不到被愛，只剩角色與義務。

最終，親密關係淪為一場高張力的賽局，而非安全的心理依附。

厚黑師長：教育現場的潛在控制者

教育關係中的厚黑往往以「教訓、標籤、冷暴力」形式出現：

- 權力壓制：「你是學生就該聽話，不然你來當老師看看！」

第五章　為什麼厚黑讓人累？——厚黑對心理健康的代價

- 道德打壓：「你這樣說話，不尊重師長，做人要謙虛一點。」
- 名譽勒索：「我這樣提拔你，你不會讓我難堪吧？」

這種結構會讓學生：

- 不敢發表意見，因為害怕「被記住」；
- 無法主動尋求協助，因為擔心「被誤解」；
- 在未來工作與社交場域中，習慣性壓抑與順從。

教育場域中若厚黑成為常態，最終將養成一代思辨能力低落、關係模式畸形、價值判準模糊的「服從型人格」。

案例分析：厚黑父母對子女的長期影響

庭蓉從小成績優異，但總感到「不夠好」。母親經常說：「妳看妳堂姐都考上醫學系，妳怎麼那麼不爭氣？」即便她考上臺大，也只得到一句：「不錯啦，不過妳英文還要再加強。」

多年後，庭蓉在職場中遇到主管語帶雙關地暗諷她「反應慢」，她內心極度焦慮，整晚失眠。她說：

「我不是怕主管，而是那語氣讓我感覺，像小時候媽媽又要我『懂事一點』。」

這種心理連結，說明了厚黑語言會跨時空留下情緒記憶，成為心理創傷的觸發點。

第七節　親密關係中厚黑的破壞性（從父母、伴侶到師長）

如何辨識與修復親密厚黑？

1. 辨識關係語言是否有「有條件的愛」成分

是不是只有在你順從時才被接納？

這段關係讓你越來越自由，還是越來越不敢做自己？

練習界限語言：「我理解你關心我，但這樣說我會有壓力。」

2. 在安全場域中建立新關係經驗

真正能修補過往厚黑傷害的，不是理論，而是一次次新型關係中的信任與支持。

你有權在親密裡感到安全，而不是計算與恐懼

厚黑最傷人的，不是手段，而是它在愛的名義下進行。當一段關係讓你變得愧疚、疲累、懷疑自己，卻還要假裝「我沒事」、「他是為我好」時，那就是一種心理虐待的慢性版本。

你可以愛人，但不必犧牲自己；你可以體貼，但不必壓抑自我；你可以順從某些時刻的需要，但你不該長期壓縮自己的人格。

願你在每一段親密關係中，都能有說「夠了」的勇氣，也有說「我願意再相信一次」的力量 —— 不是相信對方，而是相信自己值得不被操控的愛。

第五章　為什麼厚黑讓人累？—厚黑對心理健康的代價

第八節　厚黑之外的康復：心理復原力與自我價值重建

你可能曾在厚黑的語言裡懷疑自己，你可能曾在操控中失去信任，你可能在一次次的人際攻防裡，把真誠收起，把沉默穿上。

但你還在這裡，還願意理解、願意感覺、願意試圖修復。這就說明了──你沒有輸。你只是被傷過。

厚黑文化之所以可怕，是因為它不只傷人，更讓人相信自己不值得更好的對待。康復的第一步，不是對抗，而是重新看見自己仍有選擇與價值的能力。

本節，我們將引導你從心理學角度理解什麼是「復原力」，並分享自我價值如何在重建過程中逐漸回歸。厚黑雖強，但你比它更深、更穩、更有彈性。

什麼是心理復原力？不是不會受傷，而是能站起來

心理復原力指的是一個人在面對壓力、創傷與困境後，能夠回復心理功能、維持生活調節，甚至在過程中實現成長的能力。

根據創傷心理學者喬治‧博納諾（George A. Bonanno, 2004）對創傷後復原（resilience after trauma）的長期研究指出，能夠從創傷中恢復、甚至重建生命意義的人，往往具備下列心理特質：

第八節　厚黑之外的康復：心理復原力與自我價值重建

- 能夠接受現實，同時保有希望：他們並非盲目樂觀，而是在面對困境時保有對未來可能改善的信念。
- 具有健康的情緒處理能力：能表達並調節情緒，既不壓抑也不戲劇化，而是實事求是地與內在經驗共處。
- 擁有替代性的社會支持來源：即便核心關係破裂，也能在朋友、同儕、社群中重新建構連結。
- 對自我價值具有基本肯定：即使在低谷期，仍能感受到「我值得被尊重、被關心」，不輕易自我貶抑。

博納諾特別強調，這些復原特質並非天生能力，而是可以透過練習、歷程性調整與心理覺察來逐步發展的。因此，在厚黑文化的組織環境中，這些能力正是首當其衝的受害者。

厚黑文化透過模糊語境、情感剝奪、關係操控與價值扭曲，長期削弱個體的情緒表達權、信任建立力與自我肯定感。人們在這樣的環境中容易逐漸否定自己的感受、懷疑他人的善意，並將希望視為脆弱，進而放棄嘗試改變。最終，個體不僅失去復原的可能，也失去相信自己「可以復原」的內在信念。

厚黑之後的常見心理狀態：我怎麼修復我？

若你曾長期處在厚黑環境，可能會出現以下心理感受：

- 「我是不是不夠聰明，才會被操弄？」
- 「是不是因為我太軟弱，才一直忍氣吞聲？」
- 「別人都能活得瀟灑，為什麼只有我會那麼累？」

第五章　為什麼厚黑讓人累？──厚黑對心理健康的代價

- 「我是不是其實不值得被好好對待？」

這些語句，其實是厚黑文化在你心中留下的「語言殘響」。它們不是你真心的想法，而是曾經太長時間沒有被理解與肯定的自我，在孤單中學會的對話方式。

康復的過程，就是重新接管這些內在聲音，讓它們慢慢變得真實、清晰、柔和，也屬於你自己。

四步驟修復法：厚黑創傷後的心理重建路徑

步驟一：辨識與命名你的創傷

不要用「過了就算了」來壓抑事件，而要試著清楚說出：

- 那是一次什麼樣的經驗？
- 誰讓你受傷？但你當時為什麼沒有還手？
- 當時你真正想說的是什麼？

命名創傷，就是讓它有出口、有輪廓，也才有被療癒的可能。

步驟二：建立「心理安全基地」

找回那些能讓你做自己、不需演戲的空間與人：

- 一位願意傾聽而不急著給建議的朋友
- 一段不需證明、可以放心沉默的關係
- 一個屬於你的筆記本、山路、海邊、夜晚

厚黑之後，我們最需要的，不是立刻「變強」，而是先有一個不必防備的地方，可以重新呼吸。

步驟三：重建自我價值的語言地圖

從過去厚黑內化語言中抽身，開始練習：

- 「我那樣反應，是因為我在意。那是情緒，不是錯。」
- 「我那時候沉默，不是沒想法，是我正在觀察與保護自己。」
- 「我值得說『不』，即使別人不理解。」
- 「我的不一樣，不是錯，而是我。」

這些語言練習不是催眠，而是你正在為自己重建一個新的敘事結構與心理語境。

步驟四：發展創傷後成長的目標系統

厚黑經驗雖痛，但也讓你變得更敏銳、更勇敢、更有辨識力。現在你可以問自己：

- 我不想再回到什麼樣的互動？
- 哪些人會削弱我，哪些人會支持我？
- 我要如何建立一個價值不需要靠權謀維持的生活？

這些問題的答案，就是你下一段人生的倫理座標與人際原則。

第五章　為什麼厚黑讓人累？—厚黑對心理健康的代價

案例回顧：從厚黑之谷走出的資深主管

凱倫曾在外商高階職位上工作多年，擅長應對內鬥與政治角力。直到她在一次內部鬥爭中「被暗算」而離職，才開始尋求心理協助。

她說：「我以為我很強，但我不知道原來那麼多年的權謀生活，已經讓我忘了怎麼相信別人、甚至忘了怎麼相信我自己。」

在一年多的修復與陪伴下，她逐漸建立自己的顧問公司，以「無政治、全透明、價值一致」為團隊文化核心。

她說：「我現在的成功，不是來自我多能說，而是我終於能不用說謊。」

這不只是職涯轉向，而是一場自我價值的重建工程。

你值得在一個不需厚黑才能活下去的世界裡生活

厚黑教我們要算、要忍、要扮演，但你終究不是為了討好體制而活的。你來到這個世界，不是為了被消磨，而是為了體驗、連結與表達。

願你在一次次的創傷與醒悟之後，依然選擇相信自己值得誠實、值得被善待，也值得創造出一個不靠權謀也能站得住的自己。

你正在修復的，不只是傷痕，而是你最初相信世界可以美好、你可以真誠、關係可以不必計算的那一份光亮。

厚黑不會消失，但你可以走得比它更遠、更穩，也更自由。

第六章

厚黑還能有倫理嗎？
── 在灰色地帶找尋道德準則

第六章　厚黑還能有倫理嗎？——在灰色地帶找尋道德準則

第一節　每個厚黑行為都有理由？行為者的倫理選擇路徑

當我們談論厚黑時，常直覺地將其與自私、算計、心機劃上等號。但若我們暫時擱置價值判斷，從心理學的視角來看，一個人為何會做出厚黑行為？他在當下是如何思考的？他的選擇，是基於冷酷的計算，還是無奈的保護？這些行為背後是否可能存在某種道德合理化過程？

這一節，我們將從「行為者的心理與倫理選擇模型」出發，嘗試理解厚黑者的行為不一定是完全缺乏良知，而可能是在有限的制度、關係與風險情境中，所做出的心理應對策略。

這不是為厚黑開脫，而是為了看見厚黑真正的運作機制，才能提出更有效的修正與倫理介入。

厚黑不是一種人格，而是一種行為策略

在現代心理學分類中，「厚黑行為」無法直接對應某一種明確的人格障礙。它可能出現在反社會傾向者身上，也可能是自戀型人格者的工具，但更多時候，它是一種特定情境下被選擇的行為模式。

正因如此，我們不能將厚黑等同於「壞人」，而要問：「為什麼在這個情境中，他選擇這樣做？」

這樣的提問，才能引導我們進入道德心理學最關鍵的問題——人們是如何做出道德決定的？

道德判斷的雙系統：直覺與理性的拉鋸戰

哈佛心理學家約書亞‧葛林（Joshua Greene）在其道德心理學研究中，提出著名的雙系統道德決策理論（Dual-Process Theory of Moral Judgment），指出人在面對倫理困境時，會動員兩套不同但交錯運作的心理機制來做出判斷（Greene et al., 2001; Greene, 2013）：

1. 直覺系統（emotional intuition）

這是一種快速、自動、以情緒為驅動的反應機制。它深受文化背景、早期經驗與情感連結的影響，經常在毫秒之間完成初步判斷。例如：看到有人推老人下樓梯，我們會立即感到憤怒與不正義，這種道德反感來自直覺系統的驅動。

2. 理性系統（cognitive evaluation）

相較之下，理性系統則運作緩慢、依賴邏輯推理與道德原則。它常在直覺反應之後進場，對複雜情境進行分析與權衡。例如：在「電車難題」（trolley problem）中選擇是否犧牲一人拯救五人，便需調動理性系統進行功利性思考。

葛林透過一系列神經影像實驗發現，這兩個系統在處理道德難題時會產生競爭關係——當情緒反應強烈時，理性系統的活動會被抑制；反之，在強調邏輯推演的情境中，情緒反應則相對減弱。這也說明為什麼某些人面對道德困境時看似「冷酷無情」，但其實只是理性系統主導了決策過程。

這一理論不僅對理解道德判斷有關鍵意義，也揭示了厚黑行為者的運作機制：他們可能刻意訓練自己壓抑情緒性直覺，以便在倫理灰色地帶做出符合自身利益的冷靜計算。但這樣的偏斜使用，長期下來會削弱道德情感的敏感度，最終可能導致道德麻痺與心理耗竭。

第六章　厚黑還能有倫理嗎？──在灰色地帶找尋道德準則

厚黑行為常出現在以下三種倫理模糊地帶：

1. **制度模糊：法律或規範未明確界定行為是否正當**

   例：主管未明言禁止，但也未授權，你「順手」報告他人成果。

2. **關係複雜：彼此之間有歷史帳、情感債或權力不對等**

   例：同事曾多次麻煩你，此次你選擇不主動提醒他的錯誤。

3. **風險壓力：若不主動出手，可能遭受損失或排擠**

   例：若不向上報告他人失誤，升遷名額可能旁落他人。

在這些狀況下，即便行為者自知違反「理想的道德判準」，他仍可能選擇厚黑行為 —— 不是因為不知道對錯，而是因為相信「這是現在最務實的選擇」。

厚黑者的內在對話：從防衛到正當化

許多厚黑行為並非事前就被計劃，而是在事後透過「道德合理化」來減輕內在衝突。這包括：

- 投射責任：「如果不是他自己不謹慎，我也不會這樣做。」
- 平衡帳目：「我過去也幫過他，這次就當作扯平。」
- 情境合理化：「在這個公司，不這樣做你根本沒機會。」
- 集體卸責：「大家都這樣做，只有我被講，是不是太不公平？」

這些語言的本質是讓行為者保有「我是好人」的自我感，同時繼續執行有問題的行為。這是一種「認知平衡技巧」，也是厚黑行為之所以能普遍存在卻不被自我否定的原因。

個案分析：倫理與生存的選擇困境

莉婷在一家廣告公司擔任創意總監，因業績壓力與客戶要求不斷，她開始默許團隊修改投標資料中的部分數據。她知道這是「灰色操作」，但她對自己說：

「我們沒有造假，只是強調有利項目而已。」

某次競標成功後，她對團隊說：「這年頭不這樣做，別人會這樣做。我們不是走捷徑，而是調整說法。」

在這個案例中，莉婷不是不知道什麼是正確的做法，但她選擇使用語言修辭與自我合理化，來安置內心的倫理衝突——這正是厚黑行為中的「決策內化機制」。

「厚黑選擇路徑圖」：從想法到行為的心理歷程

我們可以將厚黑行為的發生過程理解為以下五個階段：

- 情境壓力（有風險／有利益）
- 價值拉扯（這樣做對嗎？會不會傷人？）
- 自我定位（我是受害者還是執行者？）
- 語言修辭（這不是操弄，是策略／不是排擠，是分工）
- 行為選擇（默許／旁觀／推責／攬功）

這個歷程不是一瞬間完成，而是經由認知與情緒的反覆協調、微調與決策。若缺乏覺察，厚黑行為就會從一次性的選擇，變成慣性的反應。

第六章　厚黑還能有倫理嗎？—在灰色地帶找尋道德準則

不是「每個人都有苦衷」，但每個人都在道德與現實之間掙扎

理解厚黑不是要為其開脫，而是要讓我們更清楚：

- 為什麼善良的人也可能做出傷人的選擇？
- 為什麼有些厚黑者其實是在保護自己？
- 為什麼制度越模糊，厚黑者越多？
- 為什麼反厚黑不能只靠道德說教，而要給人實質的安全感與制度支持？

如果我們不能理解行為者的心理選擇過程，就無法真正對抗厚黑文化。因為厚黑不是來自「壞人」，而是來自「看不到別的路」的人。

你能理解厚黑，但不必選擇厚黑

厚黑行為有時是策略，有時是習慣，有時是痛苦中的無奈。但不論它來自哪一種理由，選擇厚黑總會留下某種破損 —— 信任的、情感的、自我價值的。

我們理解行為背後的心理邏輯，是為了給予行為選擇者一種新選擇：你可以看懂現實，也可以不背叛自己的標準。

每一次選擇不是全白或全黑，但願我們能漸漸找出那條，不厚、不黑、也不傻的路。

第二節　操弄與保護的界限在哪？厚黑的倫理兩難

當我們譴責一個人厚黑時，我們往往假設他是蓄意操控、出於私利、背離倫理。但在現實情境中，許多厚黑行為的起點其實來自一種更人性的驅力——保護自己。

他不是為了傷害你，而是為了不讓自己受傷；不是想奪走什麼，而是怕自己什麼都失去。這種「防衛性厚黑」，尤其在競爭激烈、權力不對等或制度不透明的組織中極為常見。

於是我們面臨一個倫理困境：如果一個人是出於自我保護才說謊、推責、裝傻、拒絕合作，那他還是厚黑者嗎？還是只是一個適應壓力的生存者？

這一節，我們將透過心理學與倫理學的視角，重新拆解「操弄」與「保護」的界限，找出厚黑行為背後那條最難辨識、卻最重要的心理分界限。

「操弄」與「保護」的關鍵差異，在於意圖與權力使用方式

根據行為倫理學，一個行為的倫理性判斷取決於三個構面：

- 意圖（Intent）：你是出於善意、自保、還是蓄意操控？
- 方式（Means）：你如何達成目標？是否傷害他人？是否扭曲事實？

第六章　厚黑還能有倫理嗎？─在灰色地帶找尋道德準則

- 後果（Consequence）：你的行為是否造成他人權益受損？是否擾亂團體運作？

以此為基礎，我們可以這樣區分：

行為類型	意圖	方式	後果
自我保護	防禦	被動／間接	最小化自我損傷，對他人影響可控
操控性厚黑	操縱	主動／策略性隱藏	擴大自身利益，犧牲他人信任與公正
被動式厚黑	忍讓中扭曲	消極迴避但不負責	逃避責任，讓團隊決策失真

關鍵在於：你是為了「不被傷害」，還是為了「控制他人」？你是被壓力驅動，還是被貪婪驅動？

案例對照：兩種「推責」行為的倫理差異

案例 A（防衛式推責）

新進業務員在會議中未能即時回應數據錯誤，主管質問時他說：「我以為行銷部那邊更新了版本，我會再確認。」

他內心知道數據有疑慮，但在權責尚不明的情況下選擇不攬責，為的是避免在試用期內被視為「不穩定人選」。

→雖有推責成分，但並非蓄意誤導，也未刻意傷害他人，屬於「壓力情境下的防衛行為」。

第二節　操弄與保護的界限在哪？厚黑的倫理兩難

案例 B（操控式推責）

某資深員工在專案出錯後主動向主管回報：「其實某某某之前就有這樣的問題，只是都沒處理好，我本來想協助他改善，但可能太晚。」

該員工在出錯前並未與對方溝通，也從未主動提出協助。他只是利用主管不熟悉實況的機會，將錯誤「轉嫁」給最弱勢的成員。

→ 此類行為意圖明確、主動操控、造成他人名譽受損，典型厚黑策略。

兩者表面都是推責，但內在動機、實施方式與結果完全不同。

「只是不想被傷害」可以是理由，但不能成為免責的遮蔽

在心理學中，我們承認人有自我保護傾向，這種傾向本能且正當。但當這份保護變成以下狀況時，就進入厚黑的灰色地帶：

- 你知道這樣會讓他人背負代價，仍選擇沉默；
- 你刻意讓資訊不對等，讓自己處於安全位置；
- 你將「先發制人」當作「免於被攻擊」的邏輯。

這些狀況的共通點在於：保護自己建立在讓他人承擔風險之上。這不再是保護，而是操弄 —— 是以自保之名，行掌控之實。

第六章　厚黑還能有倫理嗎？—在灰色地帶找尋道德準則

如何區分「合理防衛」與「策略厚黑」？

以下是一份「行為者倫理自檢」，可用於判斷自己或他人是否跨越界限：

- 我是否刻意讓某人資訊不清，藉此取得行動優勢？
- 我的沉默是否導致他人承擔錯誤或受損？
- 我是否藉由「提醒」、「協助」之名，實則引導決策偏向我方？
- 我是否常以「我只是自保」為口頭禪，但行為卻損害團隊運作？
- 如果角色交換，我是否能接受對方也這樣對我？

若上述答案多為「是」，那麼你可能已經從自保走向厚黑，而不自覺。

組織責任：
不是責怪個人，而是營造「無需厚黑也能生存」的環境

在多數厚黑案例中，個人行為與組織氛圍密不可分。組織若呈現以下特徵，則厚黑行為將被默認、甚至被獎賞：

- 高度績效壓力、低失誤容忍
- 資訊不透明、功勞責任不清
- 升遷制度靠關係多於制度
- 誠實與坦率被視為幼稚或不懂事

組織若能建立「誠實不會被處罰、透明可以被接住」的制度文化，厚黑行為自然會減少。因為當人不再怕輸、不再需要先發制人，他們才有勇氣保有誠信與倫理感。

我們可以理解灰色，但仍然選擇不黑

面對現實壓力，我們都曾說過模糊的話、做過模糊的決定、選過「對自己有利但不完全正確」的方式。那並不代表我們已墮落，而是我們正站在那條從防衛邊界滑向厚黑邏輯的斜坡上。

而每一次選擇，都是一次對倫理的提醒。你可以保護自己，但請別讓別人替你受罰；你可以低調自守，但請別以沉默讓他人背鍋；你可以謹慎行事，但也能坦然面對。

厚黑的界限，不在技巧，而在意圖。願我們都能，在保護自己時，也不傷害他人。

第六章　厚黑還能有倫理嗎？—在灰色地帶找尋道德準則

第三節　組織倫理與個人價值衝突下的心理反應

當一個人踏入一個組織時，他不只帶著履歷表和技能，也帶著他對「對與錯」、「該與不該」的信念進入。然而，當這些信念遇上現實組織中的灰色文化、權力潛規則與厚黑邏輯時，便會產生一場無聲的倫理衝突。

這種衝突不是口角或爭辯，而是一場內心戲──當你看到主管推責卻升遷、同事靠話術獲得資源、績效來自不透明操作，你的價值信仰開始動搖。你會問：「我是不是太天真？」、「在這裡，當好人真的會輸？」

本節我們將聚焦於這種個人倫理信念與組織厚黑文化衝突時的心理反應模式。這不是單一事件的情緒，而是長期潛藏的心理疲勞與價值扭曲過程，最終影響個人的行為選擇、心理健康，甚至人生方向。

當「正直」不再被鼓勵：價值衝突的三種典型場景

1. 誠實被視為冒犯

你坦白指出專案錯誤，卻被認為「破壞團隊和諧」或「太直接不成熟」。

2. 努力無法與回報對等

認真加班、全力執行，卻被「懂得做表面功夫」的同事捷足先登。

3. 不透明被視為聰明

操作資料、不清楚分工、搶先提報,反而成為升遷關鍵。

這些經驗的累積,會讓一個具備道德感的個體出現認知與情感的雙重反應。

道德失調:心理的防衛或墮落?

社會心理學家艾伯特・班度拉(Albert Bandura)於 1990 年代提出了影響深遠的道德失調理論(moral disengagement),用以說明為何某些人在面對明顯違反倫理準則的行為時,仍能「心安理得」,不產生內疚、自責或道德不適。這一理論指出,人類內部的道德系統雖然穩固,卻也具有可中斷性(Bandura, 1999)。

換句話說,個體在遭遇道德壓力或社會情境挑戰時,會透過一套心理策略組合來「暫時關閉」自我道德監控系統,進而使違反良知的行為變得可以接受、不再被視為不道德或可恥。

班度拉總結了八種常見的道德失調機制:

- 道德辯護(Moral Justification):將行為包裝為高尚動機,例如「這是為了團隊的生存」。
- 委婉措辭(Euphemistic Labeling):用中性詞語包裝行為,例如將侵略稱為「反制」或「反應」。
- 有利比較(Advantageous Comparison):將自身行為與更惡劣者比較,例如「至少我不是像某某那麼自私」。
- 責任分散(Displacement of Responsibility):認為只是服從命令,並非個人意志。

第六章　厚黑還能有倫理嗎？——在灰色地帶找尋道德準則

- 責任分散化（Diffusion of Responsibility）：認為大家都有份，個人無須承擔全部後果。
- 預期後果扭曲（Distortion of Consequences）：淡化行為造成的傷害或影響。
- 貶低受害者（Dehumanization）：將對象非人化，降低同理心。
- 責怪受害者（Attribution of Blame）：將錯歸咎於對方「咎由自取」。

這些策略在厚黑文化下尤其常見，因為厚黑者的核心動力在於「做事不留痕跡，傷人不負責任」。他們極善於將操控包裝為關懷，將剝奪合理化為制度，將卸責合理化為「大家都這樣」。當這些語言與行為模式被內化，甚至成為群體默認的溝通習慣時，個體對自身的行為便愈加缺乏道德敏感性，最終可能進入一種失去內在倫理約束的狀態。

認知失衡與價值扭曲：當理念與行為不一致

認知失衡理論（Cognitive Dissonance Theory）指出，當個人的行為與其信念發生衝突時，會產生心理不適與壓力。為了減緩這種壓力，人會選擇以下兩條路：

- 改變行為：堅持信念，拒絕配合厚黑文化，冒風險但保自我。
- 改變信念：重新定義「正義」、「策略」、「成熟」，讓自己看起來不違背原則。

第二條路在短期看起來比較輕鬆，因為它讓你不需要跟主管翻臉、不需要在會議上說出難聽話、不需要被當成麻煩製造者。但代價是，你得不斷說服自己：「我沒有變，我只是懂事了。」

組織社會化與「良知麻痺」現象

組織社會化指的是個人逐漸適應並內化組織文化與規範的過程。當厚黑文化成為常態,誠實與透明被視為「不懂人情世故」,久而久之,員工不再思考對錯,只思考「怎麼活下來」。

這會帶來三種心理反應:

- 壓抑型反應:內心抗拒但表面配合,久了導致憂鬱、職業倦怠、內在自我撕裂。
- 麻痺型反應:不再感覺不適,對厚黑視而不見,習慣了、順從了。
- 分離型反應:區分「上班的我」與「真實的我」,在工作中冷感,生活中無力。

這些反應會讓個體在厚黑文化中漸漸失去道德敏感度,也喪失改變現況的意志。

案例分析:從堅持到底,到無聲退場的倫理疲勞

Emily 是一家新創科技公司的專案經理,進公司第一年她堅持資訊透明、協作公平,甚至曾多次在會議上直言指出主管的「數據處理不當」。

但第二年,她開始沉默。她不再回應錯誤指令,也不再幫同事補救提案漏洞。第三年,她決定離職。

她說:「我不是不想努力,而是不知道為誰努力。我不想變成他們那樣,但也不想每天當壞人。」

第六章　厚黑還能有倫理嗎？—在灰色地帶找尋道德準則

Emily 不是「失敗者」，她只是無法再承受「每天違背自己價值」的壓力。在組織倫理與個人信念長期衝突下，她選擇了離開，而不是變形。

如何重建心理平衡？個體的倫理因應策略

1. 認清價值差異，而非責怪自己不適應

別把厚黑文化的主流化當作「自己不夠圓融」，你只是有不同標準。

2. 尋找「小而穩定的倫理基地」

即便整體組織不透明，也能與 1～2 位同樣信念者互相支持，形成價值網絡。

3. 調整角色定位，劃清行為邊界

當你無法改變制度時，學會說：「我可以幫，但這不代表我認同。」

4. 設立倫理底線，明確界定不做之事

在心中寫下：我再怎麼妥協，也不會去做哪些行為。這是對自己的信任維繫。

5. 適時轉換環境，不再自責撤退

若厚黑文化已深植組織，讓你無法再保有心理健康與價值一致性，離開不是逃避，而是自我保護。

厚黑之外，你依然能做個有信念的人

每個在厚黑文化中掙扎的人，都曾試圖保有良知；每個終於妥協的人，也不是一開始就想變壞。我們要理解這一切的困難與重量，但更要記得：信念不是高調說出來的，而是默默守下來的。

你可以不成為制度的對立者，但你可以是清醒的旁觀者；你可以不改變組織，但你可以守住不讓自己被改變。因為你值得保有那個相信公平、重視尊重、願意坦白的自己 —— 即使這世界偶爾讓你懷疑，那仍然是你最真實的本質。

第六章　厚黑還能有倫理嗎？—在灰色地帶找尋道德準則

第四節　是逃避還是忍耐？社會適應與服從的雙重性

在厚黑橫行的職場環境裡，有些人選擇對抗、有些人選擇離開，更多人則選擇「看破不說破、忍住不反抗」。但這樣的選擇到底是成熟的適應，還是無聲的服從？是保全自己，還是犧牲信念？是對現實的理解，還是對自我的背叛？

這些問題沒有絕對答案，因為社會適應與倫理服從，在心理結構上往往難以區分。個體行為的背後，可能藏有多層壓力、多重矛盾，也可能蘊含著價值的重構與倫理的調和。

本節將深入拆解這種「看似沉默實則困頓」的心理現象，從行為心理學與倫理理論出發，探討人們在面對厚黑權力、灰色結構與不正義制度時，如何進行自我調整與行為選擇，並釐清「忍耐」與「逃避」之間的模糊界限。

社會適應不是投降，而是心理防衛的一種形式

在社會心理學中，「社會適應」被定義為個體面對外在壓力時，進行內部調整以維持心理平衡與社會功能的過程。它可以是策略性妥協，也可能是價值壓抑。

這種適應行為在厚黑環境中特別明顯，例如：

- 明知制度不公平，但仍選擇埋頭苦幹，以「總有一天會被看見」自我安慰；

第四節　是逃避還是忍耐？社會適應與服從的雙重性

- 明知主管操作權力，但仍選擇配合，對自己說「我不想惹麻煩」；
- 明知團隊內鬥分明，但選擇裝傻，以「中立」姿態換取安全。

這些行為的共通點是：避免衝突、維持位置、降低風險。表面上它們是穩定力量，但從倫理心理角度看，這些適應行為若長期持續，將逐漸削弱個體的道德敏感度與行動能力。

忍耐與逃避的心理差異：是否仍保有主體性

忍耐，是主動選擇承受壓力，以換取未來反擊或穩定發展的空間；逃避，則是放棄自我界限，將不公合理化為不可改變的命運。

我們可以用以下問題幫助自我區分當下的行為：

問題	若回答為「是」，偏向哪一端？
我是否仍知道自己堅持的價值是什麼？	忍耐（主體性保有）
我是否仍在等待或創造轉變的可能？	忍耐
我是否已習慣告訴自己「這就是現實」？	逃避（主體性喪失）
我是否不再覺得不公是問題？	逃避
我是否對厚黑行為冷漠甚至默許？	逃避

這份心理地圖讓我們明白：忍耐不是沒有情緒，而是還有期待；逃避是連失望都懶得表達。

服從的三種型態：從策略到壓抑

在社會心理學的經典實驗中，史丹利・米爾格蘭（Stanley Milgram）於 1961 年所進行的「電擊服從實驗」揭示了一項令人震驚的人性潛能：

第六章　厚黑還能有倫理嗎？──在灰色地帶找尋道德準則

在特定條件下，普通人可能為了服從權威，而對他人造成嚴重傷害。而在厚黑職場中，服從表現為：

- 制度型服從：遵循明確流程與層級，即便知道制度可能有問題，也因害怕破壞而選擇順從。
- 情感型服從：因人情壓力、團體忠誠或關係依附，而選擇壓抑自我意見。
- 認知型服從：透過自我說服或合理化，主動改變對錯判準，使服從變得「理所當然」。

第三類服從最具厚黑特徵，因為它不只是行為上的屈從，而是價值觀的重構。當個體說出：「其實這也不算錯啦，大家都這樣」時，厚黑已經內化為心理標準。

案例分析：從抵抗者變成觀望者的三年過程

阿良是某家公部門新進職員，剛進職場時對於報帳造假、資料誇飾等行為感到極度反感，曾私下提出建議並嘗試修正流程。

但主管私下找他喝咖啡說：「你做事是沒錯，但這樣會讓資深同仁難做人，團隊情緒會不好，你懂我意思吧？」

阿良沉默了。此後三年，他再沒說過一句質疑的話。當新人對他抱怨「為什麼會這樣」時，他只淡淡說：「你還年輕，慢慢會懂的。」

這段過程不是反轉，而是典型的心理重塑歷程：從原則性對抗者，變成不再主動記得初衷的服從者。

第四節　是逃避還是忍耐？社會適應與服從的雙重性

把適應當作策略，而非自我否定

並不是所有的「不說」與「不做」都是失敗。當我們把它視為短期過渡、觀察階段或籌備時間，我們就仍保有對現實的主體感與行動準備。例如：

- 「我暫時不講，是為了讓我觀察完整局勢再提出建言。」
- 「我這階段先維穩，是為了累積資源與信任，爭取未來修正空間。」
- 「我選擇不出頭，但我不幫忙厚黑，我也不跟著做。」

這些說法不是逃避，而是策略性延遲行動。只要你清楚知道自己在做什麼、為什麼而忍，這就是成熟的心理選擇。

你可以不說，但別說服自己這不重要

在厚黑文化中，沉默的人未必沒有價值觀，但若長期將忍耐當作常態，那條價值的火種終究會熄滅。

我們可以選擇不抗爭、不對抗，但我們不能選擇完全放棄對錯的感知力。忍耐不代表你失去了道德，只有逃避才會讓你忘了自己是誰。

願你能夠，在沉默中仍然記得初衷，在適應中仍然保有選擇的勇氣，在不被厚黑吞沒的同時，知道自己不等於這個環境。

第六章　厚黑還能有倫理嗎？──在灰色地帶找尋道德準則

第五節　不厚不黑就無法生存嗎？
正向心理學的反例建構

「在這個社會，你不厚黑怎麼活得下去？」

這是許多人在遭遇厚黑者得勢、誠信者沉默的時候心中浮現的嘆息。當我們一再看到圓滑者升遷、算計者得利、誠實者挫敗，便容易掉入一種道德虛無的現實主義──也就是：「這社會就是這樣，認真會輸，老實人吃虧。」

但正向心理學（Positive Psychology）與組織行為學的實證研究早已指出：價值導向的行為不但能生存，而且能創造長遠的競爭力與幸福感。誠信、透明、同理、合作，這些被厚黑文化邊緣化的品質，才是讓組織與個體具備「心理韌性」與「長期信任資本」的核心能力。

本節我們將從理論與實務層面建構反例：那些沒有厚黑，卻活得很好，甚至成為領導者的「正向成功者」的樣貌。

正向心理學的核心信念：
不是反對現實，而是創造另一種現實

正向心理學（Positive Psychology）常被誤解為「只說好話、忽略問題」的空泛勵志哲學，但實際上，它是一門根基於實證研究、重視人類潛能與正向資源開展的心理學分支。其核心信念從來不是否認痛苦、逃避壓力，而是如創始人馬丁·塞利格曼（Martin E. P. Seligman）所言：「幸福不只是減少痛苦，而是創造能讓人茁壯成長的生活結構與心理機制」。

第五節　不厚不黑就無法生存嗎？正向心理學的反例建構

塞利格曼在其「幸福理論」（Well-Being Theory）中提出了著名的 PERMA 模型，指出人類幸福感由以下五項關鍵元素構成：

- Positive Emotion（正向情緒）：能感受到喜悅、希望、寧靜與感恩等情緒。
- Engagement（投入感）：在某些活動中進入心流狀態，全心參與且忘我投入。
- Relationships（良好人際）：與他人建立正向、支持性與安全的關係連結。
- Meaning（意義感）：相信自己所做之事有價值，超越自我、連結更大目的。
- Accomplishment（成就感）：設定目標並持續達成，累積能力與自我效能。

這五項構面並非彼此取代或單一路徑，而是互補運作、可被鍛鍊的心理資產。因此，正向心理學強調：幸福並非天生注定，而是可以透過有意識的練習與制度設計被促進的心理結果。

在厚黑文化的反面，正向心理學提供了一種具韌性與建設性的回應方式。當職場或社會充斥操控、壓迫與虛偽的成功公式時，PERMA 模型提醒我們：真正的幸福不是凌駕他人，而是活出自己的意義、連結與價值。

第六章　厚黑還能有倫理嗎？──在灰色地帶找尋道德準則

案例一：誠信不是阻力，而是資本 ── 臺灣社企領導人的故事

小黃是臺灣一家知名社會企業的創辦人，他創立初期拒絕任何與政商勢力掛鉤的資金，堅持以透明營運方式獲得社會信任。雖曾遭同業嘲笑「不懂操作」、「難以存活」，但他透過持續累積用戶信任與口碑，打造出全臺最具公信力的公益平臺之一。

在一次媒體訪談中，他說：

「我沒有比別人聰明，但我知道我要怎樣過得問心無愧。我相信慢沒關係，重要的是這條路能讓我走得久、睡得著。」

他的成功來自「信任資本」的累積，而非「權謀手段」的施展。他證明：誠信可以慢一點，但絕不是輸的代名詞。

案例二：國際組織的價值導向領導者 ── 新西蘭總理賈欣達・阿爾登

前紐西蘭總理潔芯妲・阿爾登（Jacinda Ardern）被國際媒體與學界譽為「正向領導」（positive leadership）的現代典範。特別是在 COVID-19 疫情初期，她所展現的**高 EQ、同理心溝通與道德一致性（value congruence）**，不僅成功團結社會，也強化了公眾對政府防疫措施的信任與遵從。她不使用情緒操控、不貶低異己，卻能號召人民齊心防疫。她用的不是厚黑語言，而是「讓人願意相信你」的語言 ── 那是透明、坦率、尊重的表達。

阿爾登在辭職時說：

「我不是因為失敗才離開，而是因為我知道，我已完成能用這種風格領導的階段。我要為『善良也可以強大』留下空間。」

這句話不是告別，是一種倫理回聲：影響力不等於控制；誠實，不必然要被犧牲。

正向信任累積模型：五項非厚黑式競爭優勢

1. 一致性（Consistency）

說過的話、做過的事、展示的行為邏輯一致，建立心理安全感。

2. 可預測性（Predictability）

不玩弄情緒、不反覆無常，讓同事與部屬知道你是可以合作的對象。

3. 誠信表達（Integrity Communication）

有異議時說、有問題時反映，語言坦率但不傷人。

4. 行為可驗證（Transparency）

每次決策背後都有清楚標準，減少厚黑操作空間。

5. 關係非工具化（Non-Instrumentality）

不以「誰對我有用」為人際判準，而以「是否可共同成長」為互動基礎。

這五項能力，是厚黑者難以擁有的，因為它們無法靠話術取得，只能靠長期的行為累積與自我一致性經營。

第六章　厚黑還能有倫理嗎？—在灰色地帶找尋道德準則

你不必打敗厚黑，只需不成為厚黑

面對厚黑文化，我們不一定要戰勝對方，但至少可以問自己：

- 我是否能在有限資源中，仍選擇說實話？
- 我是否能讓他人感受到我不會操作他們？
- 我是否能在看似無利可圖時，仍選擇做對的事？
- 我是否能在未被看見時，依然保有對自己的尊重？

這些選擇，不會立刻帶來勝利，但會慢慢累積一種人格重量 —— 你不靠厚黑，別人卻仍願意與你同行。

慢一點、穩一點、乾淨一點，也能活得很好

這個世界永遠會有厚黑者得勢、話術操弄、算計成功的時候。但也始終有人，用善意說話、用尊重互動、用誠信做事，默默走出另一種軌跡 —— 不靠遊戲規則作弊，而是讓自己變得更強壯、更耐走。

你不需要為了生存而失去原則，也不需要為了競爭而遺忘初衷。因為世界終究在尋找那種人：他也能玩得起場面，但他選擇不欺場、不騙人、不黑心。

這樣的人，也能活得好，甚至活得更久、更被信任。

第六節　從關係計算到情感真誠的選擇模型

「人跟人之間，說到底不就是互相利用嗎？」

這句話，或許是厚黑文化最真實、也最令人遺憾的反映。當職場人際淪為盤算與利益分配的場域，每個行為背後都得回答：「這對我有什麼好處？」、「我幫你，是因為我未來有什麼期待？」

這樣的「關係計算邏輯」讓我們在互動中保持效率，也避免吃虧，但同時也造成了心理冷感、情感斷裂與信任枯竭。在這樣的文化中，真誠變得可疑、善意顯得脆弱，而我們也漸漸習慣將關係簡化為資源交換。

但人際關係是否只能這樣？我們是否可以在理性運作的基礎上，發展出「有界限但不冷漠、能互惠但不利用」的情感互動模式？本節即試圖建構出這樣一種心理與倫理上的「情感真誠模型」，讓厚黑之外的人際路徑得以成立。

關係計算的心理學機制：交換理論與關係契約

社會交換理論（Social Exchange Theory）指出，人在互動中會自然衡量成本與報酬，並傾向保留「回報率較高」的關係。而學者喬治·霍曼斯（Homans, 1958）與彼得·布勞（Blau, 1964）更強調：「人際互動是無形契約，是一種動態的投資過程。」

在厚黑文化中，這種交換邏輯會極端化，變成：

第六章　厚黑還能有倫理嗎？──在灰色地帶找尋道德準則

- 幫你一次，就預期你還我一次
- 不幫你，是因為你還不值得我投資
- 若你不回報，就會被貼上「不會做人」的標籤

這種互動，讓人即使笑著說話，內心也始終盤算「這句話我說下去有沒有用？」、「這關係還值得維持嗎？」

這樣的計算雖然短期有效，但研究顯示──計算式互動會降低長期信任與情緒連結的穩定性，也會提高心理疲勞與社交倦怠。

情感真誠的可能性：不是理想，而是選擇

情感真誠（Relational Authenticity）不是指毫無防備、無條件信任，而是指在保有自我界限的前提下，仍選擇以尊重、信任與非工具化的方式對待他人。

它包括以下三項心理態度：

1. 不預設回報，但不等於任人利用

我幫你，是因為我願意，而不是因為我之後要你還。這不代表我愚笨，而是我選擇這次不做交換。

2. 允許情緒參與，但不以情緒綁架

我會在意我們的關係，但不會因此要求你總是配合我的需求。

3. 保留界限，但願意打開信任的可能

我知道每段關係都有風險，但我選擇相信，你不是那個會利用我的人。若你讓我失望，我願意修正，但不會因此封閉。

這種態度在職場中尤其稀有，但也極具力量。它不靠權謀建立關係，而是靠「行為一致性」與「誠實情感流動」來累積信任資本。

案例解析：同理心領導者如何避免關係計算的陷阱

林副總是某科技公司的營運長。他堅持不做人情包裝、從不拉幫結派，卻在十年間從基層工程師一路晉升，靠的是什麼？

- 每次同仁犯錯，他會說：「這錯誤不是誰的，是流程出了問題，我們一起修改。」
- 他鼓勵下屬主動提意見，從不利用發言來標記誰是「麻煩人物」。
- 升遷時他總請多位資深主管共同面談，並要求：「不要只說他表現好不好，請說你是否信任他在壓力下還能保持合作。」

這樣的人，沒有設局、沒有厚黑、沒有利益交換，卻能在組織中成為「值得跟隨的對象」。他的策略不是權術，而是選擇在每一次小互動中都不計較、也不強求他人回報。

從厚黑關係到真誠關係的轉化模型

我們可以用以下「五階關係轉化」圖來理解這個變化：

關係階段	特徵	心理動機
第1階：工具性互動	只因業務需要而互動	避免損失、獲取資源
第2階：交換式信任	幫你一次，期待對等回報	測試回報可能性
第3階：尊重式合作	願意合作，不計短期得失	看見彼此價值

第六章　厚黑還能有倫理嗎？──在灰色地帶找尋道德準則

關係階段	特徵	心理動機
第4階：真誠式連結	願意坦白情緒與立場	建立穩定信任
第5階：關係共同體	願意共同承擔風險與榮辱	信任與價值同盟

不是每段關係都能到第五階，但若你能在每次互動中不急著設限，不過早歸類，也許就有機會讓關係往更真誠的方向推進一步。

如何實踐「真誠互動」而不被厚黑反咬？

(1) 明確表達界限：「這部分我可以幫，但其他要靠你自己處理。」
(2) 不強求對方回應：「我提供這個是因為我願意，但你不接受也沒關係。」
(3) 適時提醒而不勒索：「我之前幫你是出於信任，我希望我們未來也能互相支持。」
(4) 觀察而不假設：不要因為對方一次不回應就認定他是厚黑者，關係是累積的過程。
(5) 釐清情緒與責任的界限：「我會失望，不代表我責怪你。這是我需要整理的情緒，不是你的錯。」

這些做法讓你既能展現真誠，也不會讓自己變成被操弄的對象。

選擇真誠，不代表不懂計算，而是願意超越計算

在厚黑文化強調「算得精、說得巧、動得快」的節奏中，選擇真誠或許會讓你慢一點、難一點，但你走的會是自己認可的路，交的是信得過的人，活的是有尊嚴的自己。

第六節　從關係計算到情感真誠的選擇模型

真誠不是策略,但它會創造最大的策略空間。當你不必預設他人如何反應,不必猜測對方有何目的,你就會發現:最好的關係不是彼此盤算,而是彼此不算。

第六章　厚黑還能有倫理嗎？──在灰色地帶找尋道德準則

第七節　利他與利己之間：厚黑的道德試金石

在厚黑文化的語境中，利他與利己這對看似對立的價值，往往被高度混合甚至扭曲。許多厚黑者自認不是「自私自利」，而是「不得不先顧自己」；他們甚至會這樣說：

- 「我只是先照顧好自己，才有能力幫助別人。」
- 「大家都這麼做，我只是比較務實。」
- 「我不是要害人，只是我也得活下去。」

這樣的語言反映出現代厚黑策略的一大特性 ── 把利己包裝為合理，把自保轉化為共識，把傷人行為披上「不得不」的倫理外衣。

那麼問題來了：到底什麼是真正的利他？什麼樣的利己是正當的？當利己與利他發生衝突時，我們如何判斷一個人行為背後的道德含量？厚黑者的行動又該如何在這個判準上被辨識？

本節將提供一套「利他－利己倫理判斷模型」，不只用來分析他人，更是幫助我們審視自己在灰色地帶中的選擇與責任。

利他與利己的心理根源：演化的兩條路徑

從演化心理學的觀點來看，利他與利己並非對立，而是兩種不同的求生策略：

第七節　利他與利己之間：厚黑的道德試金石

- 利己（Selfishness）：確保個體資源最大化，提高生存與繁衍機率。
- 利他（Altruism）：透過幫助他人來換取社會地位、群體穩定、間接利益（包含聲望、互惠關係）。

也就是說，真正的利他從來不是無條件的，而是帶有計算的「長期利己」策略。然而，當這種策略不再強調群體利益與信任建立，而只剩下表面上的「互相」，就容易滑向厚黑的應用場景：

- 假裝關心實則操弄
- 表面合作實則算計
- 利用利他的話術換取權力位置

此時，「利他」成為操控的語言資產，而非價值信仰。

厚黑行為的道德滑動軸線

厚黑行為常常游移在以下倫理光譜上：

行為表現	自我認知	實質道德效應
預先保護自身權益	自保	合理
不揭發他人問題以避免衝突	忍讓	消極容忍不公
刻意強調他人錯誤換取信任	有策略	操控信任、傷害他人
對上呈現忠誠、對下隱瞞資訊	保位	利己傷人、製造階層壓力

厚黑者的語言常讓上述行為聽起來「合理」、「沒什麼」、「大家都這樣」。但道德心理學強調，判斷行為是否正當，不只看結果，也要看動機與選擇空間。

第六章　厚黑還能有倫理嗎？—在灰色地帶找尋道德準則

若一個人有其他方式可以維持穩定，卻選擇犧牲他人；若一個人並未受到實質威脅，卻選擇先發制人操控局勢——那他就不再是利己，而是厚黑。

利他與利己的道德辨識模型：三問試金石

以下三個判準可協助我們辨識行為是否偏離道德利己界限：

1. 這個選擇是否完全以他人為手段？

若是，表示該行為只追求自身利益，對他人完全工具化，屬於厚黑性利己。

2. 在保護自己的同時，是否保留對他人的基本尊重？

若有，表示行為者仍有倫理感，是防衛型利己，而非操控型利己。

3. 這個選擇是否有其他不傷害人的替代選項？

若有卻未被採取，表示行為者並非「被逼」，而是「選擇傷害」，即為厚黑。

案例解析：兩種「報告同事失誤」的心理差異

情境相同：同事在報表中出現關鍵錯誤，若不處理可能影響部門成果與主管印象。

第七節　利他與利己之間：厚黑的道德試金石

案例 A（誠實但尊重的利己）

員工選擇私下與該同事確認後，在會議中以團隊角度指出問題，並協助補強說明，避免直接讓對方難堪，也保障團隊結果。

→此行為屬於利己但不厚黑：兼顧誠信與尊重。

案例 B（策略型厚黑）

員工在未與同事溝通的情況下，直接向主管回報問題，語氣中強調「我早就注意到，只是不好意思講」。

→此行為屬於明顯厚黑：以他人失誤換取信任與控制地位。

這兩者的差異不在「做了什麼」，而在怎麼做、何時做、為誰而做。

如何建立「道德利己」的行為架構？

1. 不犧牲他人作為升遷手段

可以競爭，但不能踩人上位。升遷與自尊不該矛盾。

2. 在保護自己時，保留對話空間

表達立場時不排他，給對方回應與修正機會。

3. 主動釐清自己行動的後果與動機

「我這樣做是因為怕被誤解」還是「我這樣做是為了讓他難堪」？

4. 當利他無法實現時，至少保持中立與尊重

你可以不幫，但不必害。

第六章　厚黑還能有倫理嗎？──在灰色地帶找尋道德準則

5. 建立倫理參照點，不靠情境漂流

問自己：「如果我不是我，而是對方，我接受這樣的對待嗎？」

在利己中保留利他，在利他中堅守自己

厚黑文化的最大問題，不在於人想保護自己，而在於人習慣了只保護自己。當「只要我贏，怎樣都可以」成為潛規則，社會便失去了人與人之間最基本的信任基礎。

但你可以不同。你可以保護自己，同時不忘考慮他人；你可以追求成就，同時留下餘地；你可以往上爬，但不拉人下。

真正高明的利己者，是能讓別人在合作後也覺得被尊重、被信任的人。

願你在每一次選擇中，既不愧對自己，也不需要操控別人。那才是最清醒，也最乾淨的力量。

第八節　如何建立「有力但不黑」的影響力倫理觀

在厚黑文化的價值觀中,「影響力」經常與操控、算計、權謀劃上等號。能說會道被視為「懂話術」,堅持原則反倒被認為「不懂人情世故」。於是許多人內心便升起一種錯誤等式:

有影響力＝心機深、手腕硬、懂得製造壓力

但影響力一定要靠壓迫、扭曲與利用來實現嗎?一個人如果不厚不黑,就無法改變現況、無法領導團隊、無法被人信服?

本節我們要提出的是一個清楚而堅定的答案:可以。

事實上,在領導心理學與社會影響理論中,最持久、最具說服力、最能帶來實質改變的影響力來源,往往來自人格力量與倫理一致性,而非話術與操控。

本節將引導讀者理解,如何在不依賴厚黑操作的前提下,發展出一套可落地的「正向影響力模型」,並在現實中有效運作,既堅守原則,也不喪失效果。

現代領導學的核心轉變:從權力支配到倫理感召

傳統影響力理論以德國社會學家馬克斯·韋伯(Max Weber)所提出的「權威三類型」理論為核心架構,說明人們為何服從權威、權力如何被正當化,以及組織如何建構服從的正當性。韋伯認為,一個統治者之所

第六章　厚黑還能有倫理嗎？——在灰色地帶找尋道德準則

以能夠獲得他人服從，必須具備某種「正當性基礎」，這些基礎可依據來源與心理認同方式區分為三種類型（Weber, 1978）：

- 法理型權威（Legal-rational authority）：基於制度、法律與正式規則的合法性。此類權威典型代表如官僚體系、現代政府與公司組織，權力來自「職位」而非個人。
- 傳統型權威（Traditional authority）：根植於歷史習俗與傳統，強調世襲、血統或慣例的延續。像是王室統治或宗族長老的地位，即屬於此類權威。
- 魅力型權威（Charismatic authority）：源於領導者個人的特質、魅力或英雄形象，其影響力建立在信徒或群眾對其「超凡能力」的情感認同與信賴上，例如革命領袖、宗教先知或危機時期的強人政治人物。

韋伯強調，這三種權威型態在現代社會中往往不是彼此對立，而是混合並存。一位領導者可能同時憑藉制度授權與個人魅力獲得支持，而隨著情勢演變，其權威性也可能轉移（例如從魅力轉向法理制度化）。

在厚黑文化下，「魅力型權威」常被扭曲為「人設操控」、「情緒勒索」與「群體操縱」。但現代倫理領導理論指出，真正具有持久性與正當性的影響力，來自以下幾個因素：

- 價值一致性：說的與做的一致，原則不會隨場景變動。
- 透明溝通：能說明自身立場、接受質疑、尊重他人選擇。
- 尊重他人界限：不靠壓力，而靠信任累積達成引導。
- 情緒穩定性：能在混亂中成為心理支點，而非恐懼源頭。

這些都不是厚黑策略的延伸，而是道德人格與情感成熟的展現。

厚黑式影響力 vs. 倫理型影響力：四大對比

影響策略	厚黑式影響力	倫理型影響力
動機	操控結果、控制局勢	建立信任、引導選擇
方法	話術、暗示、恐嚇、情緒勒索	資訊清楚、價值引導、尊重對話
結果	短期服從、長期反感與流失	穩定信任、長期合作與內部認同
回饋態度	抵抗即標籤、異議即敵人	接納差異、善於調整溝通方式

這份對照清楚說明：厚黑的影響靠的是氣場與恐懼；倫理的影響靠的是信任與說服。

案例分析：一位不靠操作的領導者

張如瑜是一間醫療科技新創的營運長。在創業初期，她被質疑過於「文弱」、「講原則不講彈性」。但她選擇堅守「決策流程公開透明」、「會議紀錄不隱瞞」等制度。

她曾說過一句話成為團隊座右銘：

「真正能留下來的，不是我說動的人，而是自己說服自己的人。」

三年後，她所領導的團隊流動率為業界最低，內部滿意度調查中「主管可信任程度」得分高於 90%。她證明：你可以用一致性與清晰度，創造出遠勝於操控式領導的真實影響力。

第六章　厚黑還能有倫理嗎？—在灰色地帶找尋道德準則

如何建立「有力但不黑」的影響力？六大實踐原則

1. 用價值說服，而非靠立場壓人

    說「為什麼這樣做對團隊有意義」，而不是「這是我的決定」。

2. 把溝通當成共識建立，而非訊息下達

    多用「我們是否能這樣處理？」取代「你應該照這樣做」。

3. 示範透明，而非要求配合

    自己也能接受質疑，才有資格請別人接受你的影響。

4. 接受不同，而不是讓異議者噤聲

    有人不認同你，不代表他不尊重你，包容是信任的前提。

5. 以一貫性創造預期，而非以威嚇創造服從

    穩定性讓人安心，安心才能產生跟隨感。

6. 將影響力視為責任，而不是成就

    當你影響了別人，你也承擔了對方未來的風險與選擇後果的責任。

「影響」不是技術，是人格與關係的總和

　　社會心理學家羅伯特‧席爾迪尼（Robert Cialdini）在長年研究影響力與說服行為的基礎上指出：影響力的核心，不在於話術或技巧的複雜程度，而是在於說話者是否被「認為」具備誠意與可信度（Cialdini, 2001）。他強調，人們在做出行為選擇時，經常並非基於邏輯推論，而是根據對方是否值得信賴來決定是否接受訊息。

第八節　如何建立「有力但不黑」的影響力倫理觀

這也呼應他在影響力六大原則中的「權威」與「喜好」兩項心理槓桿：人們更容易受自己喜歡、信任或認為有專業地位的人影響。簡單來說，不是你說得多漂亮，而是你這個人本身是不是讓人願意相信。這種信任往往建立於一貫性、透明性與真誠態度的長期展現上。

在厚黑文化中，這一原則被反向運用——操控者可能刻意營造誠懇形象、偽裝專業話語，讓他人誤以為其值得信賴，進而達成控制目的。這提醒我們，真正具影響力的溝通，不是讓人閉嘴，而是讓人心服；而真正有力量的說話者，不是靠話術，而是靠人格與一致性所累積出的信賴感。

所以，真正有力量的影響，不是你語氣多硬、話術多快，而是：

- 你在做什麼時別人會想模仿；
- 你說什麼時別人願意相信；
- 你不在場時，別人仍覺得你值得依靠。

這種影響不是靠權力逼出來的，而是你這個人，長期行動與價值的一致性自然建構出來的。

不靠厚黑，也能發揮影響力

厚黑教人如何得勢、如何壓人、如何操縱，但它教不會一件事——如何讓人心甘情願地追隨你，而不只是被你逼著聽命。

真正值得追求的影響力，不在於掌控局面，而在於啟動人性中願意變好的那一面。你可以強大，但你不必霸道；你可以堅定，但你不必操控；你可以有影響力，但你不必黑。

第六章　厚黑還能有倫理嗎？―在灰色地帶找尋道德準則

　　願你在這個厚黑時代，依然選擇正直影響。那會慢一些，但走得久、站得穩，也終將走得遠。

第七章
與厚黑共存的智慧：
識破、應對與轉化

第七章　與厚黑共存的智慧：識破、應對與轉化

第一節　面對厚黑該逃還是鬥？心理資源與決策的準備原則

進退之間的選擇困境

黃庭瑜是位在科技業擔任專案經理的三十歲女性，剛升遷不到三個月。她原本以為升遷會為她帶來更多主導權與尊重，沒想到卻進入了另一個權謀與計較的深水區。她發現部門中資深同仁洪副理總是以「幫忙提醒」的口吻在主管前指責她未處理好的細節，甚至暗中指導下屬繞過她直接匯報。庭瑜清楚這是一場向上與橫向的賽局，但更難的是，她內心總在拉扯：「如果直接對抗，是不是顯得自己不夠氣度？但如果什麼都不說，是不是就等於默認？」

這種「逃或鬥」的心理困境，不僅困擾著庭瑜，也困擾著無數被捲入厚黑生態系的現代職場人。心理學給我們的答案，不是非黑即白的選擇，而是──準備資源，評估代價，再決定行動路線。

厚黑衝突的心理起點：從「威脅知覺」談起

當厚黑行為發生時，我們往往不是先「理解它」，而是先「感受到它」──一種難以言喻但明確存在的威脅感。這種感覺在心理學上稱為壓力源（stressor）所引發的反應，是人類在面對潛在威脅時自動啟動的防衛機制。

第一節　面對厚黑該逃還是鬥？心理資源與決策的準備原則

根據演化心理學與神經心理學的觀點，當大腦偵測到可能危害生存的情境（如攻擊、操控、羞辱），杏仁核（amygdala）會在瞬間將訊號傳送至下視丘－腦下垂體－腎上腺軸線（HPA axis）與交感神經系統（sympathetic nervous system），進而釋放壓力荷爾蒙（如腎上腺素與皮質醇）。根據美國生理學家華特·坎農（Walter B. Cannon）與羅伯特·薩波斯基（Robert M. Sapolsky）的研究這整套反應機制，就是所謂的「戰或逃」（fight-or-flight）反應。

具體生理表現包括：

- 心跳加快，以便輸送更多血液到肌肉；
- 肌肉緊繃，準備迎戰或逃離；
- 注意力鎖定，專注於潛在威脅源；
- 瞳孔放大，增強感官接收能力；
- 消化系統抑制，集中能量於生存反應。

這種來自遠古的生存機制，在現代職場或人際互動中仍深具影響力。當我們面對厚黑型行為 —— 如冷嘲熱諷、權力暗示、故意讓人失去控制感的話術 —— 大腦常會立刻判斷為「威脅情境」，即使行為表面無明顯暴力，也會啟動生理性防衛反應。

這說明了一個重要現象：厚黑行為不一定來自語言的內容，而是語境、語氣與隱含權力動能對我們安全感的侵犯。理解這一點，有助於我們將「不舒服」的第一直覺視為心理雷達，而非過度敏感。

當洪副理這樣的人物在生活中出現時，受害者第一個念頭可能是「我要怎麼保護自己？」但從現代心理學角度來看，這種反應不該只有直覺層次，而應被放進更全面的資源評估脈絡中處理。正如心理學家蘇珊·福克曼（Susan Folkman）與理察·拉薩魯斯（Richard Lazarus）提出的壓力

第七章　與厚黑共存的智慧：識破、應對與轉化

與因應模式（Stress and Coping Theory），在壓力源出現後，人會經歷兩層次的評估：初級評估是判斷事件的威脅性，次級評估則是評估自己有沒有能力應對這個威脅。

決策之前：盤點你的心理資源與現實條件

在評估是否正面迎戰一個厚黑者之前，我們必須先盤點自己的心理與現實資源。這裡的資源不只指外部支持，也包括內在的心理彈性、情緒調節能力、自尊穩定性與人際技巧等。你是否有以下幾項能力或條件？

- 有自我界限：是否能清楚分辨「這是對方的行為問題，不是我的錯」？
- 能承受短期衝突壓力：若選擇反擊，你是否有心理與時間的餘裕處理可能出現的對立局面？
- 擁有盟友或證據：是否有人能為你作證、支持你或提供中立的評估？
- 懂得運用語言與非語言策略進行回應：你能以不攻擊人的方式，讓對方意識到你的立場與底線嗎？

如果以上條件多數為「否」，那麼選擇逃避不見得是懦弱，有時反而是智慧的保存實力。反之，如果你擁有足夠的心理資本（psychological capital），例如自信（confidence）、希望（hope）與樂觀（optimism），那麼就可進一步思考策略性應對。

第一節　面對厚黑該逃還是鬥？心理資源與決策的準備原則

逃避≠失敗：重新定義「退出」的心理意涵

許多人誤以為「不回應挑釁」是一種軟弱、無能或逃避的表現，但從心理學與行為經濟學角度來看，選擇不對抗，其實可能是一種高度覺察的策略性撤退。正如諾貝爾經濟學獎得主丹尼爾·康納曼（Daniel Kahneman）所提出的「系統一與系統二」理論，人的思考過程可以劃分為兩種主要運作機制：

- 系統一（System 1）：快速、直覺、自動反應，依賴情緒與既有經驗，反應時間極短，常在無意識中啟動。適用於日常決策與立即反應，但也容易受偏誤與情緒操控影響。
- 系統二（System 2）：慢速、有意識、深思熟慮的推理系統，能進行邏輯分析、計算與自我監控。雖耗費認知資源，但可用來避免衝動性錯誤，並從全局角度評估情境。

在厚黑文化的語境下，操控者往往擅長透過語言挑釁、非語言暗示或刻意設置衝突情境來啟動對方的系統一反應。一旦我們立即做出反擊、辯解或情緒化回應，便很容易被帶入對方預設的劇本與邏輯框架，進而失去情境主導權。

然而，當我們學會啟動系統二的延遲反應機制，給自己空間冷靜思考並暫時不回應，我們並不是在逃避，而是在進行主體性的選擇與心理邊界的劃定。這種「延遲而非壓抑」的態度，正是心理成熟與認知掌控的表現。

換句話說，真正的力量不在於立即反擊，而在於能夠選擇「何時、不對誰、如何出手」的心理自律。

因此，選擇不立即回應，甚至暫時抽離，也是一種喚起系統二思考、避免被牽著走的自我保護策略。心理治療中常見的「情緒抽離」

(emotional detachment)與「認知間隔」(cognitive distancing)便是這類策略的操作方式。

應對之道：高段的鬥不是對抗，而是轉化

當我們準備好了內外部資源，並確定不選擇退讓，那麼如何有效「鬥」也有學問。鬥爭不必等於衝突升高，更可以是影響力與界限建立的實踐。以下幾種方式有助於厚黑環境中的自我防護與策略應對：

- 語言界限的建立：使用「我訊息」取代「你指控」。例如「我感覺這樣的發言對我有些傷害」而不是「你就是在扯我後腿」。
- 讓證據說話：厚黑者多擅於口語操作，因此記錄、截圖、存證，讓資料自己說話，往往比情緒反應更有效。
- 轉向第三方回饋：將對方的問題帶到公正者（例如主管、人資）前，而非進行一對一對抗，可避免陷入「說不清的泥淖」。
- 引導觀察者認清局勢：厚黑者往往利用模糊情境操弄觀感，若能適時引導其他人注意其言行不一致之處，將使其權術失效。
- 強化自我存在感：當你在工作成果與團隊貢獻上越明確可見，就越不容易被厚黑者模糊焦點。

當面對厚黑者是「非選項」：高風險關係的自我保護

若厚黑者為主管、家長或配偶，逃也無處可逃，鬥又無法抗衡，那麼你可能正處於「結構性無力關係」(structural powerlessness)中。此時可

考慮以下兩階段策略：

- 內部抵抗策略：設立心靈避風港，例如寫日記、參與支持團體、進行情緒寫作等方式來維繫心理界限。
- 外部系統建立：尋求正式支持，如申請內部調任、諮詢法律協助，甚至離開該環境。這並非放棄，而是結構調整。

正如心理學者克莉絲汀・娜芙（Kristin Neff）所主張的「自我關愛」理論（self-compassion）指出，在高壓環境中，理解自己的局限、善待自己的痛苦，是維持長期心理健康的必要行為。

厚黑心理結構猶如森林中的陷阱，看似靜默，卻隱藏殺機。逃與鬥之間，沒有唯一正解，只有資源夠不夠、心理穩不穩的差別。當我們能冷靜評估、準備充分、練習應對技巧，就擁有了「選擇」的自由，而非只能任由情勢推著走。

第七章　與厚黑共存的智慧：識破、應對與轉化

第二節　那些話不是善意 ——認出操弄的語言與行為細節

他怎麼都說得這麼「合理」？

有時，操弄不靠命令、不靠命令、不靠責罵，而靠一句：「我這麼說，是為你好」或「其實大家也都有這樣的感覺啦，只是我比較敢說」。這些話，不是刀劍，但足以削弱信任、混淆立場，甚至讓你懷疑自己是不是太敏感了。

操弄性語言不見得帶著惡意，但它幾乎都指向一個核心目的：讓你在不知不覺中妥協、讓步、同意，甚至為對方背上某種義務或責任。在厚黑行為中，這類話語成為最常見也最不易辨識的心理武器。它不像直接羞辱或霸凌那樣明顯，卻足以讓人陷入「是不是我想太多？」的自我懷疑。

若說厚黑是表現自利的行為，那麼操弄性語言便是它的偽裝工具。認出這些「披著關心外衣的話語」，正是我們在人際互動中維護心理邊界的第一步。

「語言不只用來說，是用來操作的」

在心理學與語言學的交會領域中，語言從來不只是資訊的載體。心理語言學者赫伯特・克拉克（Herbert H. Clark）早在其對話理論與語境研

第二節　那些話不是善意—認出操弄的語言與行為細節

究中即指出：語言的功能不只是「告訴你什麼」，而是「讓你相信什麼」。他認為，語言的使用是一種社會行為，說話者與聽話者之間始終處於一種「共構認知現實」的過程中。

簡言之，語言不只是陳述，而是設計 —— 設計對方該如何理解你所說的內容、如何填補未說出的空白、如何建構一套對現實的解釋。這正是心理語用學（pragmatics in psychology）所揭示的關鍵：人們在說話時，往往不說出全部事實，而是說出能「引導對方解讀方向」的那部分。

在厚黑文化中，這套語言邏輯被極致運用。厚黑者的語言往往不在於揭示真相，而是在於影響你對真相的解釋。例如：一句「這種事你應該懂吧」不只是溝通訊息，而是設定一種權力關係與期待框架；或一句「我們不是都很努力嗎？」實際上可能是在模糊責任邊界、轉移焦點，讓你無法精準反駁。

這類語言操作的關鍵就在於 —— 它們聽起來「合情合理」，但背後卻內建了操控性前提與潛臺詞。說話者的真正目標，不是解釋事件，而是讓你接受他的版本，甚至讓你開始質疑自己原本的理解與感受。

厚黑話語常見幾種典型結構：

- 表面關心型：「我這麼說，是因為我關心你。」這是一種將操控包裝為情感投射的策略，讓對方無從拒絕。
- 群體壓力型：「其實大家都這樣想。」利用「虛構的共識」來壓制個人判斷，讓你不敢持異議。
- 模糊責任型：「你這樣做可能會有風險，我只是提醒你。」話說得模糊，但萬一出事，責任又在你。
- 遞進暗示型：「你應該也不希望事情變得更複雜吧？」表面上給選項，實際是預設了唯一正解。

第七章　與厚黑共存的智慧：識破、應對與轉化

這些話語之所以難辨，往往是因為它們不具攻擊性，甚至帶點「為你好」的包裝，但背後卻都是在侵蝕個人界限。

非語言線索也會說話

除了語言本身，操弄者的非語言訊號更是關鍵。美國心理學家保羅·艾克曼（Paul Ekman）在其情緒表情理論中指出，人的面部與身體語言常常洩漏真實意圖。厚黑者雖言語委婉，卻常會在下列幾個細節中露出端倪：

- 微表情不對稱：一邊嘴角略抽、眼神漂浮不定，是不誠實的常見訊號。
- 過度眼神接觸：刻意維持眼神接觸，反而可能是操弄者想藉此「確認控制力」。
- 語氣反覆調整：先以堅定語氣說話，見你無動於衷再轉為柔弱語調，暗示「你是否太冷漠了？」

非語言的厚黑不是大聲吼叫，而是情緒進退拿捏得恰到好處，讓你產生內疚、心虛，或是想「配合一下就過了」的念頭。但一旦讓步一次，對方就掌握了進一步操控的機會。

為什麼我們總是太晚發現自己被操弄？

操弄最成功的地方，在於它讓受害者一開始不覺得自己是「受害者」，甚至以為自己是主動做出選擇的那一方。這正是所謂的「認知滲

透」：對方說的話不是硬塞進來，而是讓你自己想出來。

這類自我說服與調和反應，其實正與認知失調理論（cognitive dissonance theory）密切相關。該理論由美國社會心理學家李昂・費斯汀格（Leon Festinger, 1957）提出，指出：**當個體的信念、態度與實際行為之間出現不一致時，會產生一種不舒服的心理張力，稱為「認知失調」**。當個人內心感受到不一致（例如明明不想接案卻又說了好），便會啟動一連串的心理調和機制，合理化自己的選擇：「他只是沒說清楚吧」、「應該是我反應太快了」……於是我們為自己的受害行為編出劇本，讓操弄者得以安然無事。

用心理學拆解話術：三種常見操作模組

讓我們來具體拆解幾種典型厚黑話術背後的心理機制：

1. 「道德勒索模組」

　　語句：「如果你真在乎我，就不會拒絕這件事了吧？」

　　心理效果：誘發罪疚感，使你因為怕被標籤「冷血」而選擇配合。

　　心理根源：依附理論中的「回應焦慮」—— 怕失去關係而讓步。

2. 「角色扭轉模組」

　　語句：「你是老大，你決定，我只是提醒。」

　　心理效果：把責任全推給你，卻保有干預空間。

　　心理根源：社會角色理論 —— 藉由角色設定使對方自動承擔任務。

第七章　與厚黑共存的智慧：識破、應對與轉化

3. 「模糊指令模組」

語句：「就照你覺得對的做吧，我相信你。」（其實他要的是他認定的「對」）

心理效果：讓你無法拒絕卻又不清楚該怎麼做，形成內在焦慮。

心理根源：權力距離理論──以模糊指令塑造「權威」形象，讓你自我調適。

面對話術的心理免疫法

辨識操弄只是第一步，下一步是建立心理免疫。以下是幾項實用策略：

- 標記式回應：「我聽懂你的意思，但我需要想一下。」這類語句能暫時切斷對方影響。
- 抽離式評估：把對方說的話寫下來，離開現場後以「第三人稱」方式重新審視語句目的。
- 反向詰問：「你剛說的是不是希望我放棄目前的想法？」讓對方明確表態，壓縮模糊操作空間。
- 語言記憶法：當你覺得「哪裡怪怪的」時，把當下話語用手機錄下或筆記還原，往往能看出操弄結構。

第二節　那些話不是善意—認出操弄的語言與行為細節

真正的拒絕，是從識破開始

　　厚黑者從不說出他們真正的意圖，而是讓你自願走進他的設局。面對這樣的語言權術，我們的保護力不在於變得更凶或更硬，而在於「能看見」。

　　能看見「這句話的目的是讓我內疚」、能看見「他說這句話不是在問意見，是在塑造我失職的樣子」，我們便從被動接受變成主動決策。識破，從來就是一種人際生存的智慧。

第七章　與厚黑共存的智慧：識破、應對與轉化

第三節　不再被牽著走——建立「不被拖進去」的心理免疫力

他激怒你，你就輸了？

有一種厚黑者不靠話術、不玩操弄，而是專門讓你「情緒上頭」。他會說出一句話讓你心跳加快，然後在你反擊時，裝出無辜樣子說：「你幹嘛這麼激動？」

這種人最擅長的，就是「情緒釣魚」——他給你一點暗示、一點挑釁，讓你開始想太多、懷疑自己、爆炸發作，而他則退一步冷靜地觀看你失控。

真正成熟的厚黑術，不靠壓迫，而靠牽引。對他們而言，最有效的手段從來不是指責或命令，而是「讓你自己掉進去」。你爆氣，他就立場勝出；你沉默，他就繼續推進。

所以，本節要討論的是：「怎麼樣才能不被拖進去？」——不落入情緒設局，不被厚黑者的節奏牽動，從心理上建構出自己的免疫系統。

情緒操弄不是攻擊，是「感染」

心理免疫的第一步，是認清你不是被打敗，而是被「感染」。厚黑的威力不是力，而是氣氛。這種操弄的手法在社會心理學中稱為「情緒傳染」（emotional contagion），意即一個人會無意識模仿、接受他人的情緒狀態。

第三節　不再被牽著走──建立「不被拖進去」的心理免疫力

心理學者伊蓮·哈特菲爾德（Elaine Hatfield）在 1994 年提出了著名的初級情緒傳染（primitive emotional contagion），指出：人類在互動過程中，會以極快的速度、無意識地模仿對方的臉部表情、語調、語氣與動作節奏，進而「吸收」對方的情緒狀態。這種情緒的非語言傳染效應，不需刻意思考，也無需語言內容的邏輯理解，純粹透過神經模仿機制與鏡像神經元系統發生。

這也就解釋了：為什麼在與某些人互動後，你會突然感到疲倦、焦慮、煩躁、羞愧，卻說不上來為什麼。這些情緒有可能不是你原本的情緒，而是你「被感染來的情緒」。厚黑型說話者正是精準運用了這種下意識模仿傾向 —— 他們可能在短短幾句話內，用語調中微妙的冷淡、嘲諷或高壓節奏，讓你不知不覺調整自己的情緒基調，進而進入他所設定的心理場域。

舉例來說：

- 他一句「喔？你也會犯這種錯喔？」不帶罵人語氣，卻讓你自責兩天。
- 他一句「我沒有生氣，我只是說實話」，你雖聽不出怒氣，卻整晚輾轉難眠。
- 他看似平靜地說「沒關係啦」，但你卻覺得自己做錯了什麼，忍不住主動補償。

這些互動過程不是邏輯上的「被說服」，而是情緒上的「被感染」。因此，要從這類厚黑互動中抽離，關鍵不是「完全不被影響」—— 因為這違反人性；而是要有能力意識到：

「我此刻感受到的情緒，不一定是我自己的。」

第七章　與厚黑共存的智慧：識破、應對與轉化

這是一種情緒自覺的能力（emotional awareness），也是所有反操控訓練的起點。當我們能將被傳染的情緒「標示出來」，我們就能保有心理邊界，不輕易進入對方的情緒劇本。

第一層免疫：辨識情緒的來源

很多人被厚黑者操弄，是因為他們把「感受」當成「真實」。但事實上，情緒只是訊號，不代表現實。心理學家麗莎‧費德曼‧巴瑞特（Lisa Feldman Barrett）在其《情緒跟你以為的不一樣》（*How Emotions Are Made*）中提出一項核心觀點：情緒並非直接反應，而是大腦對環境資訊的解釋。

因此，我們可以進行以下心理練習：

- 三秒情緒命名：當你感覺不對時，閉眼三秒問自己：「我現在是生氣、委屈、還是不安？」情緒命名能讓大腦進入語言區，減弱杏仁核反應。
- 來源抽離法：問自己：「這個感覺是我本來就有的，還是對方『傳』給我的？」這句問話能拉開感覺與自我的距離。
- 「如果是別人聽見會怎麼想？」：把對話設成第三人稱視角，能中斷你與對方的情緒綁定。

這些練習，就是為你的心理免疫系統裝上第一層「防火牆」。

第三節　不再被牽著走—建立「不被拖進去」的心理免疫力

第二層免疫：辨識你的「情緒痛點」

有些厚黑話語之所以能成功，並不是因為對方技巧高超，而是剛好戳中了你的「自我痛點」。例如：

- 你曾經在家庭中常被忽略，所以特別怕「被誤解」；
- 你自我價值感不穩，所以對「質疑」反應激烈；
- 你習慣討好他人，於是面對「拒絕」特別無力。

這些心理反應都是厚黑者最愛操作的對象。在心理學上，我們稱這些為「情緒觸發點」（emotional triggers），它們來自過去的經驗，卻在現在無意識地控制著你。

要建立心理免疫的第二層防線，就是學會認出自己的痛點，並把它們寫出來、講出來，轉變成你可以處理的情緒記憶，而不是被操弄者的籌碼。

第三層免疫：建立心理「反劇本」

厚黑者之所以容易得手，是因為他們對你的反應早有預判。他們知道你會怎麼反應、哪裡會暴怒、什麼時候會退讓。所以，與其說他們擅長控制，不如說你總是照著他們的「心理劇本」行動。

要打破這個結構，就必須刻意設計「反劇本」（anti-script）。這是一種刻意跳出慣性反應的策略。

舉例：

281

第七章　與厚黑共存的智慧：識破、應對與轉化

1. 對方說：「你這樣太情緒化了。」

    你習慣反駁：「我哪有？」（這正中下懷）

    反劇本：「謝謝你提醒，但我想保留自己的感受。」

2. 對方暗示：「是不是你沒有控制好進度？」

    你平常會馬上道歉（展現責任），但這讓他立場升高。

    反劇本：「我這邊有紀錄，我們可以一起對一下流程。」

    反劇本不是要你反駁，而是用冷靜、穩定、有界限的語言，讓對方的劇情無法發展。

第四層免疫：保留不反應的權利

在面對厚黑者時，最難學會的一件事叫「沉默」。我們總想說點什麼、做點什麼，證明自己沒錯、不是他說的那樣。但厚黑話術最怕的，不是對抗，而是「留白」。

沉默不等於被打敗，而是一種結構性的拒絕：我不進入你設定的互動框架。這就是心理學中的「關係脫鉤」策略，目的是停止情緒連結，而非直接對抗。

你可以這樣說：

- 「我現在不適合回應這個問題，我會再思考一下。」
- 「我想讓這件事冷靜一下，等我準備好了會告訴你。」
- 或乾脆：不回應、不回話、不進場。

不被拖進去，並不代表你放棄對話，而是你重新掌控對話的節奏。

厚黑的終點,不是打贏,是不進場

厚黑術要的從來不是勝利,而是場子。只要你進場,他就贏一半。就像拉扯的拔河比賽,只要你一出力,他就找到施壓的槓桿點。

而真正的心理免疫力,不是你變得更凶、更堅強,而是你內心有一種沉穩的清明,知道什麼該回、什麼不該碰,知道對方說的話是他的劇本,不是你的現實。

你不是逃避衝突,而是選擇不讓情緒接管你的決策。這樣的你,不再需要用力鬥爭,也不會再被拖著走。

第七章 與厚黑共存的智慧：識破、應對與轉化

第四節　說出「我不接受這樣對待」：個人界限不是任性，是自我保護

總不能一直吞下去吧？

你是否曾經在一場會議中，被同事公開質疑，卻只能笑笑說「沒關係」？是否在一段關係中，一再原諒不被尊重的行為，因為不想「破壞氣氛」？如果你點頭了，那麼你不是沒界限，而是從來沒被允許劃出界限。

在厚黑文化裡，很多人習慣「吞」，因為他們害怕「說出來」會變成麻煩的人、被貼上「情緒化」、「太敏感」的標籤。但真正成熟的人際互動，恰恰需要一種安靜卻堅定的話語能力——說出：「我不接受這樣對待。」

這不是生氣、不是翻臉、不是威脅，而是一種清楚傳遞界限的自我聲明。而能說出這句話的人，往往擁有一種內建的心理力量，那就叫做「邊界感」。

界限，是保護而非隔離

心理界限（psychological boundaries）是一種人際距離的感知與維護能力。根據美國心理學家 Nina W. Brown 的分類，心理界限主要分為四種型態：

第四節　說出「我不接受這樣對待」：個人界限不是任性，是自我保護

- 健康的界限（Healthy Boundaries）：能適度表達需求，也能尊重他人意願；
- 模糊的界限（Diffuse Boundaries）：容易接受他人干涉，也常難以說「不」；
- 過度防衛的界限（Rigid Boundaries）：對他人高度防備，不易建立連結；
- 不穩定的界限（Unstable Boundaries）：界限反覆變動，受情緒主導。

厚黑者最愛的，是那種「模糊」又「不穩定」的對象。他們會探測你能忍到哪裡、會不會回嘴、是否習慣自責；而你若不設界限，他們就會一路推進，直到你情緒崩潰或自我懷疑。

所以，設立界限不是冷漠或自私，而是明確傳達：「這裡是我心理空間的邊界，請你不要越界。」

為什麼我們不敢劃界限？

很多人之所以無法劃出清楚的心理界限，不是因為他們不懂怎麼說，而是因為以下這些信念在作祟：

- 「說出來會不會讓人覺得我很難相處？」
- 「如果我拒絕，他會不會不喜歡我？」
- 「他只是沒想那麼多，我不要太敏感。」

這些想法源自一種「過度移情傾向」與「關係取向的自我價值感」，特別常見於習慣扮演照顧角色的人，例如女性、中階主管、第一線服務人員。他們太在意別人的感受，卻遺忘了自己的權利。

第七章　與厚黑共存的智慧：識破、應對與轉化

美國心理學家布芮尼・布朗（Brené Brown）指出，真正有界限的人，反而更能展現同理心，因為他們清楚自己在哪裡，也因此有能力尊重他人的位置。缺乏界限的人，看似善良，其實常常累積壓抑，最後以爆發、憂鬱或逃避收場。

說「不」不是拒絕你，是保護我

劃界限，最困難的部分往往是語言。很多人害怕說「不」，是因為不想傷害對方。但真正有效的界限語言，是清楚、堅定但不帶攻擊性的。

以下是一些心理學上建議的界限語句範本：

- 「我聽見你的意思了，但我不接受這樣的說法。」
- 「我需要一點距離，這樣我才能處理好自己的情緒。」
- 「我願意討論，但請你不要用這種語氣。」
- 「我不方便現在處理這個問題，我們可以約時間再談。」

這些話都不是指責對方，而是聚焦在「我怎麼感受」、「我需要什麼」。這種說法在心理學上稱為「我訊息」，是一種溝通技巧，能避免陷入對錯辯論，而是回到自我需求與界限本身。

界限要說，不只要「有」

很多人以為自己已經設下界限，但卻從不說出口，或說得模糊含糊。於是對方自然會不當一回事。心理學家海瑞亞・勒納（Harriet Lerner）在其研究中指出：「界限如果沒有表達出來，它就不存在。」

第四節　說出「我不接受這樣對待」：個人界限不是任性，是自我保護

以下是常見的「隱性界限」與其對應的「顯性語言」對照：

隱性界限（沒說清楚）	顯性界限（清楚表達）
「他應該自己知道吧。」	「我不喜歡你用這種方式開玩笑。」
「我很不舒服但算了。」	「這讓我不舒服，我希望我們可以換個話題。」
「我不想見他，但又不好拒絕。」	「謝謝你的邀約，但我今天需要自己的時間。」

界限的建立不是一次性的拒絕，而是一種「反覆確認」與「一致實踐」的過程。只說一次，沒人會當真；反覆說清楚，別人才會當回事。

堅持界限，是讓尊重成為習慣

剛開始劃界限的人，常會遭遇「反彈」。對方可能會說你變了、難搞了、不再像以前那麼配合了。這些反應，其實正是你界限建立正在發揮作用的證據。因為你不再像以前一樣被推著走，對方才會不舒服。

但只要你堅持住、重複表達、用尊重語氣不斷說清楚，慢慢地，這會成為你們互動的新慣例。而界限最終的作用，不是斷絕關係，而是讓彼此知道什麼是「彼此都能接受的方式」。

美國心理學家馬歇爾・羅森堡（Marshall Rosenberg）提出「非暴力溝通」（Nonviolent Communication）時強調：溝通不是為了讓對方接受，而是為了讓你誠實地活在關係裡，不委屈、不討好、不潛藏。

第七章　與厚黑共存的智慧：識破、應對與轉化

界限，是你給自己的尊重

厚黑文化讓人誤以為「有修養的人會忍」，「不計較才大度」，但心理學告訴我們，真正成熟的人，是能夠表達、劃界、堅持自己立場而不失禮貌的人。

當你說出「我不接受這樣對待」，你不是在挑戰對方，而是在告訴世界：「我值得被好好對待」。這是一種比忍耐更強大的自我保護，也是一種讓人際關係進入真正對等與清明狀態的開始。

第五節　如何在群體中中立不孤立？灰色地帶的自我定位術

不選邊，等於被排擠？

社會生活中，我們幾乎無可避免地會遇上「選邊站」的時刻。辦公室裡兩個主管鬧翻了，你不能太親近任何一方；好友群組裡有人鬧脾氣，你明知道誰有道理，但不敢公開表示；家庭聚會中長輩意見分歧，你想說句公道話，卻怕引來更多責難。

這時候，你會開始問自己：「我到底該站哪邊？還是保持中立就好？」但更深的焦慮是：「如果我不選邊，會不會被邊緣化？」

在厚黑文化中，中立者常被視為「不可靠」或「沒有立場」的人，因為這樣的社會心理機制鼓勵人們快速歸類、明確表態，並將灰色地帶視為懦弱與逃避的象徵。但真正的心理智慧，不是迎合集體期待，而是在夾縫中找到立足點。

為什麼群體討厭中立者？

社會心理學中有個概念叫做「認知簡化」（cognitive simplification），指的是人在不確定的社會情境中，傾向將人事物快速分類，以降低思考成本。這也是為什麼爭議出現時，人們總愛問：「你是站他那邊，還是我這邊？」

第七章　與厚黑共存的智慧：識破、應對與轉化

　　中立者讓這種分類系統無法運作，因此反而成了壓力來源。你若不選邊，別人反而會懷疑你的忠誠與價值，因為你讓他無法預測你下一步會怎麼做。

　　厚黑者尤其厭惡中立者，因為你是他無法操控的變數。他不能確定你會不會揭穿他，也不能利用你來傳遞訊息或壓制他人。在他眼中，你的「沉默」本身就是威脅。

　　但中立不代表無為，更不是逃避。若能善用心理策略，在群體中保持獨立觀點的同時維持連繫感，你便能活在厚黑的生態中而不被吞噬。

中立的迷思：不是「都好」，而是「我有標準」

　　我們對中立最大的誤解，是把它等同於討好與模糊立場。真正的中立，是「不隨便選邊，但有明確的原則」。

　　加拿大心理學家班度拉在其社會學習理論中提到，個體的行為會受到「觀察學習」影響。換言之，你怎麼行動，其實在默默提供他人參照。你若模糊自己立場，別人也會對你態度模糊；你若清楚表達價值，反而更容易建立穩定關係。

　　因此，建立一套內部標準，是維持中立的基礎。這些標準可以是：

- 我不參與抹黑與傳話行為；
- 我只根據事實而非情緒做評估；
- 我願意傾聽雙方觀點，但保留自己的判斷；
- 我會根據專業與原則做決定，而非人情與壓力。

　　有了這套標準後，你就不再只是「不站邊」，而是「堅持某種價值」。

第五節　如何在群體中中立不孤立？灰色地帶的自我定位術

灰色地帶的溝通技巧：怎麼說，才能不顯得牆頭草？

想在群體中中立不孤立，溝通方式至關重要。以下是幾種常見的厚黑語境與應對語句，幫助你傳達立場而不惹麻煩：

情境一：「你覺得他那樣對不對？」（想逼你表態）

應對句：「我理解每個人都有不同考量，但我更想關注這件事要怎麼處理。」

情境二：「我們這邊大家都有共識，就差你了。」（製造集體壓力）

應對句：「我想再多了解一下整體情況，我也希望做出負責任的判斷。」

情境三：「他那樣講你都不生氣喔？」（挑撥情緒）

應對句：「我比較在意長遠的合作方式，不太想因為一句話破壞關係。」

這些話術的核心不是逃避回答，而是將對話重心從對立轉向「解決」與「原則」，讓你在言語上不陷入陷阱，也不放棄自己的判斷權。

不要當斷線的中立者：保持聯繫但不被利用

中立不代表冷漠與抽離，否則你會變成群體中的「邊緣人」，甚至被厚黑者利用為中間傳話者。保持連結的方法包括：

- 主動聆聽但不評論：展現你願意聽、願意理解，但不輕易表態。
- 提供協助但不帶立場：如提供技術性協助、流程建議，而非情感上的偏袒。

第七章　與厚黑共存的智慧：識破、應對與轉化

- 強調原則而非人情：你的每一個決策理由都能回到專業與邏輯上，而非人際關係。
- 偶爾表達支持但避免私下結盟：適度給予情緒支持能讓人感受到你不是冷眼旁觀，但不要被捲入八卦與攻防。

如此一來，你在群體中即使不選邊，也能成為值得信任的人，而非讓人不安的未知數。

有立場的中立，才是厚黑世界的安全島

厚黑文化鼓吹要嘛成為操控者、要嘛成為忠誠跟隨者。但其實，還有一條更困難卻更清醒的道路：成為在灰色地帶中自有準則、冷靜觀察、誠實應對的人。

你不用站在某一邊，但你可以站穩自己腳下的位置。這樣的你，既不會隨波逐流，也不會成為眾矢之的。你將不是牆頭草，而是一座自成體系的島 —— 有岸、有燈、有原則。

第六節　被攻擊時不失控 ──
心理轉向與認知重整的實戰策略

他就是衝著我來的，我能怎麼辦？

你可能經歷過這樣的時刻：在會議中，你才剛開口報告，對面那位資深主管就丟出一句「這不是你上次做錯的那個提案嗎？」語氣帶刺，全場陷入短暫沉默。你腦中閃過的是：「我現在要反擊嗎？還是裝沒事？還是事後再處理？」但無論你選哪一個，你的情緒已經被拉進戰場。

厚黑攻擊者從不發動全面戰爭，他們偏好用一兩句話讓你自亂陣腳。你若被激怒，形象受損；你若沉默，立場被弱化。這不是輸贏的問題，而是你的心理防線是否堅固。

這一節，我們要談的不是「要不要回擊」，而是：在第一時間被攻擊時，你的心理怎麼轉向？你如何快速重整自己，做出不後悔的反應？

情緒反應的第一秒，決定你的人際戰果

美國著名作家兼心理學家，哈佛大學的心理學博士丹尼爾・高曼（Daniel Goleman）曾指出，情緒商數的核心在於「延遲反應」。當我們遭受外部挑釁時，大腦的杏仁核會啟動自我防衛本能，產生「戰或逃」反應。你要嘛直接反擊、要嘛選擇靜默離場 —— 這是生理預設的原始模式。

第七章　與厚黑共存的智慧：識破、應對與轉化

但人際互動並不是求生遊戲，而是心理博弈。能在那「第一秒」意識到情緒升起、暫緩反應的人，才有機會重掌劇本。

這就是「心理轉向」的關鍵。根據詹姆斯・格羅斯（James Gross）的情緒調節模型，情緒不是必然爆發的，而是可以透過重新詮釋情境來調整強度與內容。也就是說：不是他說了什麼決定你怎麼感覺，而是你怎麼看待那句話，決定你會不會受傷。

第一招：語言拆解法 ——「他說的是事實，還是觀點？」

厚黑攻擊者常常透過模糊指控讓你陷入焦慮。例如：「你這個流程不夠周全吧？」這句話乍聽像是對事，但其實暗藏對人不信任的情緒。

這時請馬上啟動語言拆解機制，問自己三個問題：

1. 這句話是在講「人」還是「事」？

若對象不明確，說話者的目的多半不是釐清，而是挑釁。

2. 他描述的是「事實」還是「感覺」？

感覺可以聆聽，但不用馬上認同。

3. 這句話有提出具體改善建議嗎？

沒有建設性，就是單純試圖拉低你的位置。

這種語言拆解過程能讓你暫時把情緒放在「理解」的位置，而非「反應」的火線上。

第二招：身體轉向法 —— 讓大腦冷卻的微動作

被攻擊時的身體會先反應：心跳加快、肌肉緊繃、呼吸急促。這時你不需要壓抑情緒，而是透過幾個簡單動作，讓交感神經冷卻下來。

- 慢吸氣，吐氣拉長到 6 秒：這能啟動副交感神經，降低壓力賀爾蒙。
- 微微移動腳尖或手指：轉移身體感知焦點，有助於情緒抽離。
- 把視線從對方臉部移到桌面或投影牆上：中斷直接對峙感，重新取回主場思維。

這些「非語言轉向」技巧，是許多談判教練與心理治療師在實務中反覆強調的緩衝手段。不是讓你退縮，而是讓你恢復主動。

第三招：內心對話法 —— 換一個你信任的人幫你思考

在你即將被拉進情緒漩渦時，可以快速啟動一個心理想像：問自己，「如果是我最信任的人此刻站在這裡，他會怎麼看這件事？」

這個方法其實是「認知重整」（cognitive reframing）的一種形式。它的重點不是尋求答案，而是讓你進入「旁觀者視角」，使你從被動情緒中脫離出來，重新看清局勢。

你會發現，那句話沒那麼傷人；那個人沒你想像中可怕；那個場面沒你臆測的那麼慘。因為你站到了一個更寬的心理視角。

第七章　與厚黑共存的智慧：識破、應對與轉化

第四招：標記回應法 —— 用冷靜語言切斷厚黑循環

當你意識到對方正在發動心理戰術，而你不願配合時，使用「標記回應」是一種不陷入對錯辯論又能守住界限的策略。

幾種典型語句如下：

「我聽見你的擔心，但我希望這部分可以等我說完後再討論。」

「謝謝你提醒，我會再確認這個流程，但我們現在先看整體進度。」

「我想讓每個人都有時間完整表達，等我說完後再給意見也可以。」

這些語言不是迎合，但也不硬碰硬，它們的功能是「把節奏拿回來」，同時不給對方繼續攻擊的空間。

攻擊讓你顯形，也讓你有機會「修煉」

厚黑者之所以選擇你作為攻擊目標，很可能是因為你有威脅性、有能見度、有影響力。他們想的不是「要打敗你」，而是「要削弱你的信任值」。但你若能每次都從攻擊中退一步、看清對方的腳本、回到自己的立場，你就比昨天的自己更強一點。

被攻擊，不代表你失敗，而是你正在進化

在面對厚黑文化的攻擊與操弄時，許多人會感到挫敗與無力。然而，心理學中的「逆境成長」理論提醒我們：這些挑戰不僅是壓力源，更是促進個人成長的契機。當我們能夠從逆境中汲取經驗，重新建構自我認知與價值觀時，便能實現真正的心理韌性與成長。

第六節　被攻擊時不失控—心理轉向與認知重整的實戰策略

這種成長並非樂觀主義的自我安慰，而是基於實證研究的心理過程。研究指出，個體在經歷創傷後，若能進行有效的情緒調節、尋求社會支持，並賦予經驗新的意義，便有可能實現自我超越與心理成長。

因此，當你在厚黑環境中感到被攻擊時，請記得：這不代表你失敗，而是你正在進行一場深層的心理轉化。這些經驗將成為你未來面對挑戰時的寶貴資源，幫助你建立更堅韌的自我。

你不能控制他怎麼說，但能選擇你怎麼「回來」

在厚黑世界裡，你無法預測什麼時候會被針對，也不能保證自己永遠不會受傷。但你能培養一種心理穩定力：當攻擊來時，我有辦法不被炸毀、不被綁架、不被重設自我定義。

你可以說：「謝謝你的提醒，我會再確認」，然後轉身繼續做該做的事。不是因為你懦弱，而是因為你知道：這場攻防，不值得你浪費太多心力。

這，就是心理轉向的力量。冷靜，是對厚黑最溫柔卻堅定的反擊。

第七章　與厚黑共存的智慧：識破、應對與轉化

第七節　傷了不代表垮了 —— 逆境中的情緒彈性與心理承接力

為什麼我這麼容易累、這麼容易被動搖？

厚黑行為不是單一事件，它是長時間的心理壓力消耗。在你一次又一次地被質疑、被排擠、被忽視甚至被誤解之後，你可能會開始出現以下反應：

- 不再願意主動發言；
- 對人際互動感到緊繃；
- 害怕自己的情緒突然崩潰；
- 或者，在表面強撐下，內心卻感到極度疲憊。

這不是你太脆弱，而是你長時間缺乏「心理承接力」的補充。面對厚黑環境，真正重要的不只是防禦，而是「回復」。你需要的不只是招架技巧，而是當一切不如意時，能撐得住自己。

什麼是心理韌性？不是壓抑，而是調整

心理韌性（resilience）不是強顏歡笑，也不是情緒上的無動於衷，而是一種面對挑戰時，能夠靈活轉換內在狀態、恢復情緒平衡的能力。

心理學家安・馬斯頓（Ann Masten）稱之為「日常中的奇蹟」—— 它

第七節　傷了不代表垮了──逆境中的情緒彈性與心理承接力

不是天生的特質，而是可以透過經驗、支持與訓練培養的心理肌肉。

韌性不是不會疲乏，而是知道怎麼復原。你會受傷，但不會一直停在傷口裡。你可以哭、可以沮喪，但你知道下一步可以怎麼走。

情緒承接力：不是解決問題，是陪著自己走過

「承接」是一個在心理學與陪伴實務中非常關鍵的概念，意指在一個穩定的心理空間中，安放情緒、減少流失與混亂。

情緒承接力意味著：

- 你允許自己的情緒存在，不急著壓下或否定；
- 你知道哪些人、哪些方式能幫助你安定；
- 你在混亂中還能找到一些內部秩序與節奏。

舉例來說，當你剛被主管當眾羞辱，你不是強迫自己「振作起來」，而是先給自己一個空間：「我被冒犯了，我現在感到羞辱與困惑，這是合理的。」這個自我對話的過程，就是心理承接的第一步。

情緒彈性，不是壓抑，而是知道何時表達、何時調節

厚黑文化下，很多人學會了壓抑情緒，因為「情緒是弱點」。但在心理學中，真正穩定的人，是懂得管理情緒，而不是否認情緒。

這裡介紹三個來自ACT（接受與承諾療法）的情緒調節工具，協助你在逆境中建立「情緒彈性」：

第七章　與厚黑共存的智慧：識破、應對與轉化

1. 命名感受

與其說「我快爆炸了」，不如說「我現在感到被控制、挫敗、想反擊」。

2. 情緒地圖

把自己從生氣拉到「我正在憤怒背後的羞辱感」，理解情緒的來源，不被表層帶著走。

3. 價值對話

問自己：「此刻我要選擇的是報復、逃避、還是對我長遠有益的回應？」這能幫你在混亂中重新對齊核心價值。

這種**帶著情緒前行**的能力，正是 ACT 所謂的心理靈活性。情緒彈性不是逃避，而是內在的一種選擇自由 ── 當情緒如浪襲來，你有能力決定怎麼乘浪而不是被捲走。

每天五分鐘：自我心理韌性訓練法

以下是心理師常建議的「日常自我韌性練習」，每次只需五分鐘，卻能長期累積心理穩定的基礎：

1. 感受掃描

安靜坐著，閉眼，從頭到腳感受自己每一部位的感覺，有沒有緊張、麻木、焦躁。光是覺察，就能減壓。

2. 每日情緒筆記

寫下今天出現最強烈的情緒，並嘗試寫下它的起因與你的反應。久而久之，會開始看出自己的情緒循環。

3. 一句肯定語

給自己一句每天都能說出口的語句，例如：「我不需要完美才能值得尊重。」語言會養成自我敘事的語氣。

這些看似簡單的練習，其實是為你的「心理肌群」做暖身。就像運動一樣，情緒與韌性也需長期訓練，才不會一被壓就垮。

厚黑環境中的心理資源：找到你的「韌性盟友」

除了個人能力，心理韌性也深受環境影響。在厚黑場域裡，你需要建立屬於自己的「韌性網絡」，包括：

- 一位你可以真實說話的朋友或同事；
- 一種讓你放鬆的固定活動（例如寫作、散步、音樂）；
- 一種能重新連結內在價值的實踐方式（例如閱讀、靜心或心理對話）。

這些不是逃避，而是維持心理空氣流通的管道。當你能夠穩定釋放壓力、重整內在秩序，厚黑的外部壓迫就不會那麼容易穿透你。

我們不需要刀槍不入，只需要傷了還能修復

厚黑世界鼓勵人們堅強、果斷、冷靜，但它很少教我們怎麼「復原」。而真正強大的人，不是那些不曾流淚的人，而是那些流過淚後，還能拾起自己的原則與情感，繼續往前的人。

心理韌性,是你對自己說的承諾:「我可以傷心,但我不會否定自己。」

情緒承接,是你對自己說的溫柔:「我願意陪自己走過這一段難過。」

這樣的你,不只是能防禦厚黑,更是能轉化壓力,把困境變成深度的自我鍛造場。這就是逆境中真正的「情緒彈性」。

第八節　共存但不妥協：
厚黑生態下的清醒人際智慧

厚黑不是例外，是常態

很多人在進入職場、家庭或社交圈之初，會以為只要自己足夠真誠、努力或友善，就能贏得尊重與善意。但現實往往像是一盆冷水——你發現那些升得快的，不一定是做得多的；那些被認可的，不一定是最真誠的。你可能不願意承認，但你心裡明白：「厚黑，不是少數人玩的手段，而是多數人不得不學會的生存語言。」

與厚黑共存，並不是放棄原則、變得狡猾或計較，而是承認現實結構中的灰階地帶，並在這些灰色中，尋找自己可以站穩的光亮角落。

這一節要談的，不是「如何制伏厚黑者」，也不是「如何成為更圓滑的人」，而是——如何在不完美的人際結構中，保持心理清醒、保護自己、尊重原則，並活出「有底線的彈性」。

不妥協的第一步：分清「利益調整」與「人格侵蝕」

厚黑行為的本質，是對結構性資源的爭奪，例如注意力、話語權、機會、信任或權力。這些爭奪行為未必全是惡意，有時只是每個人在限制條件下做出的生存策略。

因此，「共存」的第一步，是分清楚什麼是可以接受的資源協調，什

第七章　與厚黑共存的智慧：識破、應對與轉化

麼是已經進入你的人格核心。簡單說 —— 對方是想占點便宜，還是正在踐踏你的價值觀？

這個區分非常關鍵，因為它決定你要用「彈性協調」的策略，還是需要啟動「界限防衛」的系統。

可協調的例子：

- 對方搶走一個案子，但你還有替代方案；
- 他要求你支援工作，但未越界批評你的能力。

不可妥協的界限：

- 對方貶低你的人格、質疑你的動機；
- 他使用羞辱、孤立、情緒操控手段，破壞你與他人的信任關係。

共存，不代表你得讓出你的自我核心。你可以退一步在人際上合作，但不必讓步於價值與尊嚴。

清醒，不是多想，是看清套路後仍能選擇寬容

清醒的心理狀態，不是每天猜忌誰會出賣你，而是知道這個生態運作的規則、演算法與代價，並仍能做出不傷人的選擇。

這樣的清醒源自「系統性人際理解」—— 你知道這不是個人的戰爭，而是結構讓某些人變成他們不得不成為的樣子。正如社會心理學家菲利普・津巴多（Philip Zimbardo）所指出的：「情境能形塑行為，結構能誘導邪惡。」

因此，當你看到某個人開始使用厚黑手法，你不用立刻升高情緒對立，而是可以這樣思考：

- 他是為了什麼而這麼做？是焦慮、競爭、壓力、還是從眾？
- 我是否有空間拉開距離、觀察局勢？
- 有沒有第三方或制度可以作為緩衝？

你可以有情緒，但不一定要馬上反應。你可以有立場，但不一定要衝突解決。這樣的清醒，是一種心理上的多線思考，而非單一路線的反擊。

厚黑環境下的人際智慧：懂得「適度隱形」與「策略性發聲」

真正的生存智慧，是知道什麼時候該說話，什麼時候該靜音；什麼時候該做全場焦點，什麼時候該退到光源背後。

以下幾種操作策略，是在厚黑文化中被反覆驗證過的有效方法：

1. 選擇公開回應的時機

公開反駁厚黑者，若無足夠人脈與證據支持，常導致被貼「情緒化」標籤。不如讓事實紀錄發聲，例如透過會議紀錄、書面回覆。

2. 保留你的能見度，但不成為靶心

做出貢獻，但不要過度曝光。選擇讓「結果」說話，而非讓「自己」成為焦點。

第七章　與厚黑共存的智慧：識破、應對與轉化

3. 將價值表述轉為「中性語言」

如：「我希望我們流程一致，這樣每個人都能順利配合」取代「你這樣做會害團隊出問題」。

這些說法不是迴避，而是策略上的心理溝通優化，讓你在風口浪尖下仍能保有「合作價值」與「自我定位」。

不妥協的本質，是對自己的忠誠

共存不代表妥協，真正的區別在於：你是否還能忠於自己的價值與角色感？

人本心理學家卡爾·羅傑斯（Carl Rogers）在其心理治療理論中提出了一致性概念（congruence），他認為：當一個人的內在經驗、真實情感與外在行為表現彼此一致時，個體才能獲得心理的穩定與幸福。這種一致性不代表完美或無衝突，而是一種自我對齊的狀態──你知道自己是誰，也活得像自己。

然而，在厚黑文化的環境中，人們往往被迫違背內在價值、情緒與意願，為了迎合權力、避免衝突或保住位置，而不得不扭曲表達、強顏歡笑、壓抑不滿。當這種「內外不一致」狀態持續發生，就會導致羅傑斯所說的「自我異化」（self-alienation）現象。

自我異化不只是心理學術語，它實際上的表現可能是：

- 在團隊中笑著配合，心中卻持續否定自己；
- 在職場上說「沒問題」，回到家卻失眠焦慮；
- 明知不公不義，卻說服自己「再忍一下」。

這些情境中，真正被傷害的不是任務本身，而是自我與自我的關係。人一旦長期處於自我異化狀態，將容易出現以下心理後果：

- 慢性焦慮：內外衝突持續拉扯，難以放鬆。
- 情緒倦怠：壓抑太久，產生心理麻痺與疲乏。
- 自我價值混亂：無法辨認自己是誰、要什麼，只剩功能性反應。
- 社交逃避或防衛：為避免再被刺傷而逐漸與人保持距離。

真正的心理健康來自於活出「真實的我」，而非被情境操控所塑造的版本。因此，在厚黑環境中與自我保持一致，不只是勇氣問題，而是一種心理生存能力。

當你學會在策略上靈活，但在原則上堅持，你會發現自己其實能夠活得比想像中穩、比別人預期中清楚。

你無需打敗厚黑，只需成為清醒的人

厚黑不是要你打敗誰，而是要你學會辨識環境、理解人性、堅守自我。你不一定要讓厚黑者付出代價，但你可以讓他們無法動搖你。這才是更高段的心理勝利。

你無需偽裝善良，也不必假裝無敵。你只需清楚知道──

「我願意合作，但我有底線。」

「我理解人性，但我選擇清明。」

「我身在厚黑之中，但我不成為它。」

這就是厚黑世界中最穩定的力量，也是最難被滲透的人際智慧。

第七章　與厚黑共存的智慧：識破、應對與轉化

第八章
做自己也能有影響力：
厚黑以外的選擇與實踐

第八章　做自己也能有影響力：厚黑以外的選擇與實踐

第一節　厚黑不是唯一的路：情緒商數如何建立正向影響

你也許很會隱忍，但你不一定快樂

你可能已經熟練了在辦公室避開衝突的話術，也學會在朋友之間拿捏得宜、進退分明；你早已知道何時該說「謝謝」，何時該沉默，何時該「大局為重」。你甚至練就一身「不得罪人」的功夫，卻時常在夜深人靜時，感覺自己彷彿沒了個性。

這種「生存技能」確實能讓人躲過很多麻煩，但它有個代價——你花了太多力氣活成別人需要的樣子，卻不再記得什麼是「你自己的樣子」。

厚黑行為之所以蔓延，是因為人們誤以為，只有操作、算計與操控，才能在社會中取得影響力與資源。但近三十年來，心理學與領導學不斷提出反向證據：那些真正讓人信服、能夠建立持久關係與正向團隊氛圍的人，往往是情緒商數高、真誠、且懂得管理自我情緒的人。

這一節，我們將重新審視什麼叫影響力：它不是控制他人，而是透過「清楚知道自己是誰」來讓人願意靠近你。

情緒商數不是討好，是理解與回應

「情緒商數」一詞由心理學家丹尼爾・高曼於 1995 年推廣，他指出影響個人成功最關鍵的，不是智商（IQ），而是處理自己與他人情緒的能力（EQ）。

他將情緒商數分為五大面向：

1. 自我覺察（Self-awareness）

了解自己的情緒來源，能夠命名並接住自己的感受。

2. 自我管理（Self-regulation）

面對壓力或衝突時不被情緒淹沒，能夠冷靜選擇反應方式。

3. 動機導向（Motivation）

有內在驅動力，不全依賴外在肯定。

4. 同理心（Empathy）

能理解他人情緒，並以非防衛的方式回應。

5. 人際技巧（Social skills）

在互動中創造正向連結、協商與信任。

這些能力構成了影響力的核心，但它們從來不是操作手段，而是一種「心態」的外化：當你真正對自己誠實，就會用一種清楚又穩定的姿態與世界互動。

第八章　做自己也能有影響力：厚黑以外的選擇與實踐

「我懂你」比「我說服你」更有影響力

很多人以為要有影響力，就必須言之有理、讓對方服氣；但研究顯示，能夠創造心理安全感與被理解感的人，反而更容易讓他人接受觀點與建議。

根據麻省理工學院的社會感知實驗顯示，團隊合作的效率高低，並不取決於團隊裡是否有聰明人，而在於團隊成員是否會「彼此傾聽」、是否能「感覺到對方在乎自己說的話」。這正是情緒商數的展現。

換句話說：「我先理解你」，才能讓你願意聽我說。影響力，不是建立在語言技巧上，而是建立在彼此的情緒橋梁之上。

厚黑影響靠的是恐懼，EQ 影響靠的是連結

厚黑者常以「製造焦慮」為工具，讓人不敢失誤、不敢拒絕、不敢不配合。他們營造的是「缺乏信任」的氣氛。反之，EQ 型影響力所創造的是一種「我在這裡，你不需要武裝」的關係空間。

這種影響力來源於幾個特質：

- 語氣平和、邏輯清晰：不是靠高聲壓人，而是靠說話的分寸贏得信任。
- 願意承認錯誤：不怕道歉，也不用每句話都對。
- 在面對情緒時不急著解決，而是先接住：「我了解你這樣感受，真的不好受。」這句話往往勝過一百個建議。

在厚黑操作中，人與人之間的連結是工具；但在情緒商數文化中，人本身就是價值。

第一節　厚黑不是唯一的路：情緒商數如何建立正向影響

情緒影響的力量是可見的 —— 用研究說話

根據知名情緒商數研究機構 TalentSmart 公司對超過 100 萬人進行的職場調查顯示：

- EQ 在高績效者身上出現的比例高達 90%；
- EQ 高的人每年平均比 EQ 低的人多賺約 29,000 美元；
- 90%以上的組織領袖將 EQ 視為比技術能力更重要的晉升指標。

這些數據顯示：「情緒影響力」不是口號，而是可以衡量、可以訓練、也可以轉換成實質成果的能力。情緒商數不是軟實力，而是被低估的強影響力。

我們需要什麼樣的影響力文化？

當社會被厚黑語言主導，人與人之間只剩「利用與被利用」的邏輯。但情緒商數提醒我們，影響力可以建立在「理解與自持」上。

這樣的文化具有三個核心：

- 心理安全：每個人都可以表達而不怕被羞辱或懲罰。
- 真誠互動：人與人不是角色演出，而是實際連結。
- 願意等待：不用速成支配他人，而是逐步建立信任。

當你以這樣的價值建構互動模式時，你所帶來的影響力會更持久、更自然，也更具有可擴展性 —— 不會讓人服從你，而是願意與你同行。

第八章　做自己也能有影響力：厚黑以外的選擇與實踐

影響力不是讓人怕你，而是讓人相信你

厚黑讓你快速登場，但也讓你快速消耗；而情緒商數讓你慢慢被看見，但每一次出現都能讓人願意靠近。真正的影響力從來不是控制他人，而是讓他人因為你的存在而選擇對自己更真誠。

所以，請記得：你可以不厚不黑，也能有影響力；你可以做自己，也能成為別人信任的光。

第二節　溫柔但不軟弱：心理力量的另一種樣貌

善良，真的注定會被欺負嗎？

「你太好說話了，所以他才老是踩你。」

「你太客氣了，他才會得寸進尺。」

「這個世界不適合太單純的人。」

這些話你可能聽過，也可能親身體驗過。在現代職場與人際關係中，「溫柔」似乎成了容易被踐踏的代名詞，而「堅強」則總與強勢、不妥協、甚至攻擊性劃上等號。於是我們開始懷疑：是不是要變得冷漠、自私、強硬，才能在厚黑世界裡生存？

但事實真的如此嗎？心理學提供了另一種視角——你可以溫柔，但不必脆弱。你可以友善，但不必無界限。真正有力量的人，不是說話大聲、表現霸氣的人，而是那些情緒穩定、原則清晰、態度溫和卻讓人無法輕視的人。

這一節，我們要談的不是「如何更強勢」，而是「如何溫柔而不被誤判為軟弱」，建立一種穩定、持久又讓人願意接近的心理影響力。

第八章　做自己也能有影響力：厚黑以外的選擇與實踐

「柔性力量」是什麼？心理學告訴我們它非常有效

心理學中的「柔性力量」（soft power）指的是一種不靠權力壓迫、不靠情緒操弄，而是透過吸引力、真誠與一致性來影響他人的能力。這與國際關係學者約瑟夫・奈伊 Joseph Nye 所提出的描述國家如何透過文化、價值與制度吸引他國，而非透過武力或經濟制裁施加影響相通，但在個人層面，它代表的是一種不帶威脅性的影響路徑。

這類力量的具體展現包括：

- 態度穩定、不情緒化但不冷漠；
- 表達時溫和，語言有尊重、有結構；
- 能夠傾聽，但不會失去自己的立場；
- 能夠說「不」，但語氣平實、不帶敵意。

這些特質之所以強大，是因為它們讓人「想合作而不是怕服從」，讓關係建立在信任而非壓力之上。

溫柔不是「討好」，而是一種清晰的自我主張

很多人誤以為溫柔就是不拒絕、不生氣、不對抗，但其實真正成熟的溫柔，是來自一種「我知道我是誰」的內在穩定感。

這種穩定的自我主張展現在以下幾點：

- 有原則但不固執：你知道什麼對你重要，願意聽他人觀點，但不輕易放棄核心價值。

- 有情緒但不任性：你會生氣、會受傷、會不爽，但你不讓這些情緒破壞關係或扭曲判斷。
- 願意讓步但有界限：你願意合作，但知道哪些讓步會讓自己失衡，於是懂得停下來。

這樣的溫柔，是強者才有的餘裕。因為你不需要藉由壓制對方來證明自己的存在，你已經足夠穩定、不必爭奪。

心理力量來自哪裡？從自我一致開始

真正的心理力量，並不是來自外部評價，而是來自「自我一致性」。前面提及，這是人本主義心理學家羅傑斯提出的核心概念：當一個人的外在行為與內在信念一致時，他會感到穩定、清明、有影響力；反之，若總是違背內心，只為了迎合外界期待，就容易產生焦慮與自我耗損。

要培養這種一致性，需要三個心理層次的整合：

- 認知上的清晰：我知道什麼是我相信的、什麼是我拒絕的。
- 情緒上的誠實：我不否認自己的不滿、脆弱與需求。
- 行為上的一致：我在外在表現上不演、不裝，而是清楚溫和地表達立場。

這樣的人，不會聲音最大，但往往最有分量；他們不是氣場驚人，而是氣息平穩。人們會在不知不覺中對他產生信任 —— 因為這份「穩」與「清楚」，讓人放鬆，也讓人願意靠近。

第八章　做自己也能有影響力：厚黑以外的選擇與實踐

真正溫柔的人，往往也最有拒絕的能力

從實務心理觀點來看，溫柔不是不能說「不」，而是知道怎麼說「不」而不破壞關係。

這裡提供三種溫柔式拒絕的語句模板，供你在人際互動中使用：

- 情緒承接型：「我知道你現在可能很需要幫助，我也很想幫忙，但我目前真的力有未逮。」
- 時間緩衝型：「我想給你一個認真的回應，不過現在我需要時間整理一下自己，能晚點再談嗎？」
- 價值引導型：「我很重視這段關係，也因此我希望我們能用更尊重彼此的方式來談這件事。」

這些話語看似溫和，卻非常清晰。它們的力量在於 —— 你保護了自己，也顧及了對方的情緒，創造出一種尊重而堅定的界限氛圍。

當溫柔變成一種「穩定信號」

心理學上有一個理論叫「穩定性偏好」，意即人在互動中更傾向依附於能提供穩定預期與回應的人。而那些情緒表現一致、不突兀、不帶高壓的人，會被潛意識視為「安全連結對象」。

這也解釋了為何有些看起來不那麼外向、不那麼強勢的人，卻總是在關鍵時刻被推為領導角色 —— 因為他們展現出來的是「我們可以信賴你」的訊號。

溫柔，不是弱，而是讓人願意託付的心理信號。

讓人信服，不是靠壓倒，而是靠沉穩

厚黑世界教我們，要控制、要算計、要製造壓力。但心理學教我們，真正持久的影響力，不是壓過誰，而是讓人「心甘情願地靠近你」。

你可以堅定，也可以平靜；你可以果斷，也可以友善。你不需要放棄善良來獲得尊重，也不必裝出強硬才配擁有空間。

你要的不是權勢，而是清明的自我定位；你要的不是讓人怕你，而是讓人相信你。而這樣的你 —— 溫柔，但從不軟弱 —— 將會是這個世界裡最難以撼動的存在。

第八章　做自己也能有影響力：厚黑以外的選擇與實踐

第三節　誠信不是理想主義——社會交換理論下的真實人際回報機制

為什麼好人常吃虧？但好人從不消失

　　許多人在厚黑文化中學會了「不要太真誠」、「不要太直白」、「不要把話說滿」，因為過於信任常成為被操弄的開端。於是你開始選擇不多說、不投入、不太相信，學著讓自己「現實一點」。

　　但這樣的選擇讓你快樂嗎？還是讓你開始懷疑——是不是誠實與善意，在這個社會中根本不值得？

　　事實上，社會心理學早就對這種「信任與回報的矛盾」提出了解釋。社會交換理論（Social Exchange Theory）告訴我們，人際關係的建立與維繫，和經濟交易一樣，也是一種「投資－報酬」的機制。但不同的是，人際交換的核心並非即時利益，而是長期信任與預期價值。

　　在這一節中，我們將深入理解：誠信不是道德勸說，而是一種運作在人際系統中的「信任貨幣」。當你穩定地付出誠信，儘管短期可能遭遇操作與消耗，但長期而言，你會成為人際結構中最難被取代的節點。

社會交換理論是什麼？

　　社會交換理論由美國社會心理學家喬治‧霍曼斯（George C. Homans）與彼得‧布勞（Peter M. Blau）等人於1950年代提出，核心思想是：

第三節　誠信不是理想主義─社會交換理論下的真實人際回報機制

人與人之間的互動，並非出於單純的利他或感性驅動，而是建立在「互惠期望」上的心理計算與社會交換。。

簡言之，這套理論認為：

- 我們在與人互動時，會潛意識衡量「成本與報酬」；
- 若覺得投入（情緒、時間、資源）值得，就會繼續這段關係；
- 若覺得回報不對等，就可能選擇退出或降低投入。

在厚黑文化中，人際交換往往偏向短線操作：我今天幫你，是為了明天你會挺我。但這樣的關係一旦利害改變，就立刻瓦解。

而以「誠信」為基礎的互動模式，則是一種長期投資型交換：你可能不馬上得到好處，但你會在人際網絡中被標記為「可信任者」── 這是一種比資源更重要的人際資產。

誠信型互動如何運作？

我們常誤會誠信是道德選擇，其實它是一種可以在行為層面設計與落實的系統模式。

以下是三種「誠信交換機制」的心理運作：

1. 一致性信號（Signaling Consistency）

當你在不同情境中展現出相同的原則與態度，別人會開始預期你是穩定的。這種預期會建立安全感與合作意願。

第八章　做自己也能有影響力：厚黑以外的選擇與實踐

2. 延遲回報容忍度（Delayed Gratification）

你不會每次付出都馬上計較回報，而是接受「信任是慢慢回來的」邏輯，這讓人願意在情感上靠近你。

3. 透明交換（Transparent Exchange）

當你說明你為什麼這麼做、你期待的是什麼，不透過暗示與操弄，而是開誠布公，別人反而更願意回應你。

這些互動，不是理想主義，而是一種「讓人知道你在用什麼規則互動」的方式。規則清楚，信任才有空間產生。

「太善良會吃虧」？其實是誠信使用錯位置

誠信不是無差別式的「無條件好」，它需要搭配選擇對象與使用時機，否則就成為被濫用的資源。

以下是三種誠信被誤用的情境與修正方式：

情境	錯誤誠信表現	修正做法
對反覆失信者還持續讓步	「我相信他這次會改」	設立邊界，誠信不代表縱容
在不對等關係中過度配合	「我不想讓他難堪」	檢查彼此互惠是否平衡
無條件分享資訊與人脈	「反正我沒差」	區分信任圈與策略圈

誠信不是「好好先生」的代名詞，而是「對值得的人、在對的時候，給予穩定信任」。

建立誠信回報循環：從你開始，但不止於你

在厚黑環境中，誠信型互動要建立循環不容易，但你可以成為觸發點。以下是建立誠信文化的三步驟：

1. 示範：從一致性開始

讓別人知道你不是今天一套、明天一套。即使說「我還不能答應你」，也比「隨便答應再食言」來得更可靠。

2. 回應：獎勵信任行為

當別人也展現誠信（例如主動承認錯誤、提前提醒延遲），你應該主動給予肯定與信任回報。這樣會促進互動循環。

3. 界限：在關係中標出信任範圍

誠信不是無條件公開。你可以明確表示：「我願意幫這件事，但我不接受被當作理所當然。」

這樣的互動模式，會讓你在人際系統中漸漸累積「信用分數」，即使短期沒有立即回報，但長期會使你擁有決策與連結的優勢。

信任是會發酵的資產，厚黑永遠換不到它

厚黑術強調立即性、計算性與權力操作，但信任與誠信的力量來自「累積性」與「可預測性」。前者快速但消耗，後者緩慢但穩固。

在這個人人自危的社會中，誠信看起來像是一場冒險，但其實它是一種稀有的競爭力——當別人靠厚黑爭奪位置時，你靠信任建立長遠合作；當別人靠操弄換到短期回應時，你靠穩定原則取得長期依賴。

第八章　做自己也能有影響力：厚黑以外的選擇與實踐

　　你不必成為最會算計的人，也不必每天提防被出賣。你只需要成為那個別人會說：「我願意找他，因為他是值得信賴的人」的人。

　　這樣的你，或許一開始慢，但你會走得遠，也站得穩。

第四節　怎麼「做自己」不被吃掉？心理安全的建立方法

你試過當自己，結果卻被當成異類？

「我只是不想跟著說場面話，就被貼上不合群的標籤。」

「我表達自己不同的意見，卻被主管冷處理。」

「我只是想做真實的自己，但感覺世界不歡迎。」

這些經驗讓許多人產生一種矛盾感：做自己，是不是一種社會風險？如果我不想玩厚黑、也不想當工具人，那我還有生存空間嗎？

在厚黑主導的互動場景裡，「做自己」常被誤解為「不懂變通」、「不夠圓滑」、「太自我中心」。但心理學研究卻指出，一個人能否長期維持心理健康與人際穩定，關鍵在於他是否能在群體中保有「自我一致性」——也就是：我可以真實活著，不用裝，也不需要演。

這一節，我們將透過「心理安全感」的概念與實踐，重建做自己卻不被吞沒的可能性。

第八章　做自己也能有影響力：厚黑以外的選擇與實踐

心理安全感是什麼？
不是安全感，而是「自我存在的自由」

心理安全感（Psychological Safety）並不是情緒上的「不害怕」，而是一種社會心理條件：我可以在群體中表達自己、犯錯、提出不同意見而不會被羞辱、懲罰或邊緣化。

哈佛大學組織心理學家**艾美・艾德蒙森**（Amy Edmondson）所提出的心理安全理論，最初用於研究團隊合作，後來廣泛應用於企業文化、教育現場與人際互動。

她的研究指出，心理安全感有三個核心條件：

- 允許差異：我不需要和大家一樣才能被接納。
- 錯誤可以被討論：表達不成熟、不完整的想法，不會馬上被攻擊。
- 表達真實意見不會有報復風險：我可以不同意權威，不會因此失去位置。

這些條件，構成了「做自己」的社會容器。有了它，你就不需要每次發言都考慮風向，也不必活在表演裡。

為什麼厚黑環境讓人難以「做自己」？

厚黑文化的核心，是操作與壓制。它不鼓勵真誠，而是鼓勵察言觀色與順從氛圍。這種文化產生幾種心理效應：

- 過度自我監控（Hypervigilance）：講話前要先評估風險、利益、派系，導致表達高度抑制；

第四節　怎麼「做自己」不被吃掉？心理安全的建立方法

- 角色扮演疲勞：為了符合「適合留下來的人」形象而不斷扮演，使人精疲力盡；
- 自我懷疑循環：當真實的自我不被回應，開始懷疑「是不是我的樣子不對？」

這些反應不是你的錯，而是生態錯配造成的。厚黑場域不允許心理安全，因為真誠會動搖它的控制結構。於是做自己變得危險，而壓抑與演出則成了代價。

如何建立屬於自己的心理安全圈

你無法一個人創造心理安全感，但你可以創造自己的「心理安全小圈」。這是一種局部建立、逐步擴展的自我保護與信任系統。

以下是三個建立方式：

1. 辨識誰是「非懲罰性回應者」

觀察你的互動對象，誰在你表達不順或尷尬時，仍保持溫和？誰在你表達不同意見時，能尊重不反擊？這些人就是你的「安全對話空間」。

與其討好所有人，不如與這些人穩定互動，他們能成為你的「真實存在練習場」。

2. 在小範圍開始表達真實

你不需要一次對所有人表達「真實的自己」，你可以從有限場景做起——例如小組會議中加入一兩句與眾不同的觀察、或在朋友聚會中表達你不喜歡的話題類型。

第八章　做自己也能有影響力：厚黑以外的選擇與實踐

重點不是「是否被認同」，而是「你能不能承接自己的真實」。

3. 建立語言邊界與同時溫柔堅定

練習這樣的說法，既維護真實，也避免激化反應：

- 「我知道這可能跟多數人不同，但我想分享一個想法……」
- 「我這樣想，可能不一定對，但這是我目前的感受。」
- 「我想表達這部分的不同理解，也想聽你們怎麼看。」

這些語句既不討好，也不對抗，它們是在建構「我有位置」的語言界限。

「做自己」不代表你不調整

在心理學裡有個概念叫「適應性自我調整」（adaptive self-regulation），指的是一個人能根據情境彈性調整行為，但不失去核心自我。這是做自己的進階版本：你知道怎麼在不同場合中調整強度、選擇語言，但你仍然保留你的信念與情感真實性。

做自己不代表你每次都要講真話講滿，也不代表你從不妥協，而是——你清楚知道哪一部分是核心不可讓，哪一部分可以靈活運作。

真正的心理安全感不是別人給的，而是你自己劃定範圍、選擇方式所建立出來的。

第四節　怎麼「做自己」不被吃掉？心理安全的建立方法

做自己不會讓你被吃掉，偽裝才會

厚黑文化讓人相信，只有「看起來合理」的人才能被留下，但心理學告訴我們：只有「內外一致」的人，才能長久站得穩。

你可以選擇隱藏，但代價是自我消耗與角色錯亂；你也可以選擇清楚而穩定地做自己，即使一開始不被所有人接納，但你會吸引那些能真正與你連結的人。

做自己不是叛逆，也不是任性，而是一種「我在這裡，我這樣也可以被理解」的溫柔聲明。

你不是為了取悅所有人而存在，而是為了活成自己值得信賴的樣子。這樣的你，不但不會被吃掉，反而會讓人更想靠近。

第八章　做自己也能有影響力：厚黑以外的選擇與實踐

第五節
魅力型領導者的非操弄式影響力

為什麼有些人什麼都不說，你卻想聽他說話？

在會議上，他講話不多，但一開口，全場安靜；在團隊中，他不愛指揮，但大家自然願意向他靠攏。

他不是最會說話的，也不是最會表現的，但他就是「有魅力」。

這種領導風格不靠權威、不靠情緒勒索、不靠派系操作，卻能自帶影響力。我們稱這樣的人為「魅力型領導者」（charismatic leader）。

但這種魅力，不是憑空而來，也不是「氣場強」就能解釋的。心理學與領導理論指出：魅力是一種「基於信任與自我一致」的非操弄式影響力，是與厚黑領導風格完全不同的心理現象。

這一節，我們將從心理結構、互動方式與影響原理三個層次，拆解真正有力量的領導魅力，並說明它為何不需要厚黑技巧，卻能贏得人心。

「魅力」不是天生，是心理結構的結果

根據德國社會學家馬克斯・韋伯（Max Weber）對魅力型領導的經典定義，魅力是一種「非制度化」的個人影響力來源，與地位、權力、職稱無關，而是來自於個人特質所產生的信任與效忠基礎。

而現代心理學進一步指出，真正的魅力不是單靠外表、聲音或姿態，而是來自於以下三種心理特質的整合：

1. 自我一致性（Congruence）

他說的、想的、做的是一致的，人們因此感到可靠。

2. 他人導向感知（Other-oriented awareness）

他不是只關心自己，而是能準確感知團隊或他人情緒動向。

3. 情緒穩定性（Emotional resilience）

他能面對挑戰時保持冷靜，不輕易情緒化反應，讓人產生安心感。

這些特質共同構成一種「不帶壓迫卻有重力」的領導氣質。厚黑者靠的是外部策略操弄，而魅力型領導者靠的是內在一致性與穩定感召。

真正的魅力領導，不靠恐懼維繫關係

厚黑型領導常透過以下手段維持影響力：

- 創造「敵我區分」，凝聚忠誠；
- 操弄情緒，讓部屬因害怕而服從；
- 製造資訊不對稱，強化依賴關係。

而非操弄式領導者的互動方式完全不同：

- 共享訊息、增能而非剝奪：他讓團隊成員知道更多，而非控制資訊。
- 允許異議、鼓勵討論：他不需要每句話都被點頭回應，因為他信任關係比表面服從更重要。

第八章 做自己也能有影響力：厚黑以外的選擇與實踐

- 情緒承接，而非情緒擴散：當成員焦慮，他不煽動，而是接住；當團隊挫折，他不責備，而是調整。

這樣的領導者，靠的是信任與心理安全感維持團隊結構，屬於「內建穩定系統」的中心人物，而非「持續操控風向」的壓力源。

為什麼魅力領導反而更具績效？

哈佛商學院與 Google 團隊研究皆指出，心理安全感（psychological safety）是高績效團隊的核心指標，而具備這種能力的領導者，往往不是最強勢的，而是最穩定、最能承接情緒與界限的那一位。

魅力型領導的具體影響績效方式如下：

- 減少人際防衛成本：團隊成員不需花力氣揣測領導者意圖，能專注於工作本身；
- 提高創意與參與度：因為能安全表達，團隊更願意提出創新建議；
- 建立長期信任關係：成員不因人事異動或局勢改變而抽離合作意願。

這些效果，並非來自技巧操弄，而是來自人格本身所具備的穩定情緒與價值一致性。

非操弄式魅力：可以被訓練嗎？

魅力不是魔法，而是心理特質與行為表現的組合，因此可以被覺察、鍛鍊與強化。

以下是三個實用訓練方式：

1. 自我敘事的一致性練習

練習把自己在不同角色中的價值敘事寫出來（我是誰？我相信什麼？我為什麼做這份工作？）有助於強化自我一致性，讓你在任何場合都能穩定發聲。

2. 情緒停損練習

當你想責備、反駁、操控時，先問自己：「我現在的語氣是基於恐懼還是價值？」如果是恐懼，請暫停三秒再回應。

3. 非權威式主導練習

在開會或合作中，練習不發號施令而是問：「你們怎麼看？」、「你希望我怎麼支援？」這種語言本身會放大你的可信感。

這些看似微小的改變，會讓你從「主導者」變成「被靠近者」，影響力因此自然生成。

不操控，反而更有力量

在厚黑邏輯中，領導是站上制高點，俯瞰、操控、設局。但在非操弄式魅力領導中，真正的高度來自信任，不是恐懼；來自一致，不是隱藏。

你不需要威脅誰才能被聽見，也不需要製造混亂來維持你的存在感。你只需要展現一種：「我相信價值大於手段」的穩定心理姿態，那些看起來不表態、不熱絡、不立場的人，反而會在關鍵時刻選擇跟著你走。

真正有魅力的人，不說服、不壓迫，而是讓人自己決定靠近。

第八章　做自己也能有影響力：厚黑以外的選擇與實踐

第六節　說話不傷人，卻能被聽見：高 EQ 的非暴力溝通策略

有時你不是輸在內容，而是輸在說話方式

「我只是據實以告，他卻說我不體貼。」

「我明明只是提出問題，結果整個會議冷場。」

「我想溝通，但總是說沒幾句就演變成爭執。」

這些困境並不罕見。你也許有很好的觀點、有誠懇的動機，卻因為語言呈現方式不當，讓訊息在傳遞途中變了質，不只沒達成目的，反而破壞關係。

許多高 EQ 者並非天生擁有「說得好」的能力，而是理解一個基本邏輯──語言，是關係的界限，也是心理能量的通道。說話不是為了贏，而是為了連結。

這一節，我們將從非暴力溝通的理論出發，結合心理學對語言與情緒的理解，提供一套能實際操作的溝通策略，幫助你在誠實表達自我時，也能保留他人的尊嚴與安全感。

什麼是「非暴力溝通」？
不是「說話輕聲細語」，而是語言的心理轉向

非暴力溝通（Nonviolent Communication, 簡稱 NVC）由美國心理學家馬歇爾・羅森堡（Marshall Rosenberg）於 1960 年代發展，其核心不在語氣，而在語言邏輯的重組。他認為：暴力不只存在於行動中，也存在於日常語言裡。

例如：

- 「你總是讓事情搞砸！」（標籤與評價）
- 「你不幫我就是自私！」（指控與操控）
- 「難道你都不在乎我們的關係嗎？」（情緒綁架）

這些語句看似直白，其實都含有心理暴力成分。非暴力溝通的核心，是讓我們從「批判語言」轉為「連結語言」，其四個步驟為：

(1) 觀察（Observation）：描述事實，不帶評論；
(2) 感受（Feeling）：表達真實情緒，而非對他人行為的詮釋；
(3) 需要（Needs）：說出未被滿足的需求，而非指責；
(4) 請求（Request）：具體明確、可實行的行動建議，而非威脅或命令。

這四個步驟讓你不再「反擊」，而是「表達」，也讓對方更容易聽見，而不是防衛。

第八章　做自己也能有影響力：厚黑以外的選擇與實踐

你可以不大聲，但不能不清楚：非暴力溝通語句練習

以下是三種常見衝突情境，並以 NVC 架構示範轉化後的語言方式：

情境一：同事開會遲到且不道歉

原話：「你怎麼每次都這樣？根本不尊重大家！」

轉化：「我注意到你這兩次開會都晚了 15 分鐘（觀察），我感到有點焦躁和困擾（感受），因為我很重視團隊彼此的時間與準時承諾（需要）。我希望下次開會前你可以提早通知或準時到場（請求）。」

情境二：伴侶總是在對話中滑手機

原話：「你到底有沒有把我放在眼裡？」

轉化：「當我們說話時你滑手機（觀察），我覺得被忽略和有點失望（感受），因為我希望我們的對話能是專注的、被重視的（需要）。你願意在我們聊天時暫時放下手機嗎？（請求）」

情境三：主管批評報告內容不夠細

原話：「你說得輕鬆，我根本沒有那麼多時間。」

轉化：「我聽見你希望報告更細緻（觀察），我有些壓力與困惑（感受），因為我也希望交出好的成果，但同時面臨多案並行的時間挑戰（需要）。我們可以一起看怎麼調整進度或分配嗎？（請求）」

這些句子有一個共通點——誠實、具體、不帶敵意，也不討好。它們提供情緒的出口，同時開啟理解的入口。

非暴力溝通與厚黑話術的根本差異

面向	非暴力溝通	厚黑話術
語言目的	建立連結	操控關係
情緒表達	誠實且內向（我感受）	隱藏或外向（你怎樣）
態度核心	自我與他人都被看見	我強化，我操作你
結局特徵	互相了解、可能妥協	表面服從、內在對立

非暴力溝通並不排斥策略與彈性，但它從不犧牲「尊重」這個核心前提。它是一種溫和但堅定的對話技術，是高 EQ 者的語言武器。

非暴力溝通的常見迷思與調整

(1) 誤以為要「壓抑真實情緒」：非暴力溝通不是要你隱忍，而是轉換語言形式，讓情緒變得可被承接。

(2) 誤以為對方也會用 NVC 回應：你做了 NVC，對方可能還在用防衛語言。這時重點是你維持自己的節奏，不被拉進戰場。

(3) 誤以為「講得好」就能立刻解決問題：NVC 不是魔法，而是建立對話與信任的起點，需時間累積。

第八章　做自己也能有影響力：厚黑以外的選擇與實踐

語言是自我與他人之間的橋，而非牆

在厚黑文化中，語言是一種戰術——設局、試探、模糊、誘導。

在非暴力溝通中，語言是一座橋——連結、理解、回應、選擇。

你不必說話華麗，也不必裝得圓滑，只需要讓你的語言與你的感受一致，與你的需求一致，與你的尊重一致。

說話不是為了操控，而是為了讓人聽見——你是誰，你需要什麼，你想怎麼一起走。這樣的語言，有力量，而且溫暖。

第七節　在善良與力量之間找到平衡的自我定位

好人一定不能強勢嗎？強勢一定要放棄溫柔嗎？

這個社會給我們的訊息往往是：

「你要有影響力，就不能太善良。」

「你要讓人聽話，就要夠強勢。」

「你太在乎別人感受，終究會被犧牲掉。」

這些觀念讓我們陷入兩難：想要堅持原則、保留善意，卻又不想總是被當成好說話、好欺負的人；想要有所作為，卻又不願走上操弄與厚黑的那條路。

那麼，有沒有一條中間的路——可以不失溫柔，也不失主體性？可以有力量，但不是壓迫他人？答案是肯定的。這條路，就是「自我定位的再建構」。

本節將從心理特質、行為策略與價值觀整合三個層面，幫助你重新認識「善良」與「力量」不是衝突的，而是一種可以共存的心理座標。

「善良」不是不反擊，而是選擇如何回應

心理學家克莉絲汀·娜芙（Kristin Neff）提出「自我關愛」（self-compassion）理論時指出，真正成熟的善良，包含三個要素：

第八章　做自己也能有影響力：厚黑以外的選擇與實踐

- 自我仁慈（Self-kindness）：我允許自己有情緒、有界限、不完美；
- 共通人性（Common humanity）：我理解他人也有痛苦與限制；
- 正念（Mindfulness）：我不誇大情緒，也不忽略它，而是清楚看見它。

換句話說，「善良」不代表壓抑怒氣、否認委屈，而是能夠把這些感受轉化成「不帶攻擊但清晰」的回應方式。這樣的善良，不是軟弱的退讓，而是一種經過思辨與自我調節後的選擇。

「力量」不是控制，而是能夠承接他人反應

當代心理學強調領導力與影響力的「承接力」——你能不能穩住情緒現場、你能不能面對衝突不慌亂、你能不能成為別人靠近後不會被情緒炸傷的人。

這種力量，不是用來打敗誰，而是用來穩住場域。它包括：

- 內在自律（Self-regulation）：當別人失控時，你不跟著起舞；
- 情緒穩定性（Emotional stability）：你有能力冷靜觀察，延遲反應；
- 原則導向（Value-centered action）：你在混亂中仍能對齊自己的價值選擇。

這樣的力量，是「可預測」與「可倚靠」的，遠比高壓式的支配更能讓人願意跟隨。

第七節　在善良與力量之間找到平衡的自我定位

善良與力量不是天秤兩端，而是雙軸系統

從心理結構的角度來看，「善良」與「力量」不該被視為對立，而是構成成熟人格的兩條軸線：

- X 軸：情感感知與同理（empathy）
- Y 軸：行為主導與影響力（agency）

真正成熟的人，既有高同理心，也有高影響力。

相反地，厚黑型人格往往「高行動力、低同理心」—— 這讓他們能主導場面，但關係破裂風險極高。

我們要培養的，是雙高型人格：既能感受他人、維持人際連結，又能清楚劃界、堅定執行。

建立雙軸人格的三個策略

1. 鍛鍊「有界限的同理心」

同理不是代替對方承擔，而是理解他的感受後，選擇自己的回應。具體語句包括：

- 「我理解你現在不容易，但我還是需要保護我的時間。」
- 「我知道你很在意這件事，但我目前還是傾向另一種做法。」

這種同理不妥協，讓你保留善良的溫度，也守住界限的距離。

第八章　做自己也能有影響力：厚黑以外的選擇與實踐

2. 練習「不討好式合作」

許多人在關係中太怕衝突，於是靠討好來換取和諧。但真正有效的合作來自「清楚自己要什麼」，然後開放對話。舉例來說：

- 「我願意調整，但我希望也能考慮我的工作量。」
- 「我可以接受這樣安排，但希望下次能先討論。」

你不是在爭，而是在界定合理的互動邊界。

3. 建立「原則型決策習慣」

每當你陷入「要不要反擊」、「要不要讓步」的困境時，請問自己：

「這樣的選擇，是否符合我長遠想成為的那種人？」

這句話能讓你跳脫當下情緒，回到價值導向。做一個好人，不是件容易的事，但做一個「有原則、會調整、有底氣」的人，是可以鍛鍊的事。

你不是要選邊，而是要整合

我們常被迫在兩種身分中做選擇：

「你要善良，還是要有力量？」

「你要堅持原則，還是要顧全大局？」

但真正成熟的自我，是能說 —— 兩個我都要。

你可以選擇善良，但不再放棄底線；你可以展現力量，但仍保留同理；你可以不加入厚黑，但不等於你沒有影響力。

第七節　在善良與力量之間找到平衡的自我定位

　　你不是單選題,而是雙軸人物。這樣的你,更複雜,也更完整。你不屬於任何標籤,而是活出了屬於自己的定位 —— 清晰、溫柔、堅定、不妥協。

第八章　做自己也能有影響力：厚黑以外的選擇與實踐

第八節　對抗厚黑，不靠計謀靠格局：人際覺醒的終點

計謀可以贏一場，格局才能走一生

你可能已經練就厚黑辨識眼光，知道誰在話術裡藏了陷阱，誰在人前人後有不同嘴臉；你可能已經不再輕易被操弄、被情緒勒索，也學會了怎麼立下界限，怎麼用非暴力語言自我保護。

但你會發現：光是「防守」還不夠。

有一天你會問自己：「那我想要成為怎麼樣的人？我的存在，要為關係創造什麼價值？」

厚黑術是局部戰術，它教你怎麼在一場場人際賽局中活下來；但人際格局，則是你怎麼看待自己的位置、如何定義影響力的總體視野。

這一節，我們不再只講心理防衛，而是進入「人際覺醒」的最高境界：用格局應對厚黑，用視野取代心計，用信任創造連結，而不是用計算維持存在。

計謀是短期操作，格局是長期視野

心理學中有一個概念叫「時間視野取向」（Time Perspective Theory），由心理學家菲利普・津巴多（Philip Zimbardo）提出，說明個體傾向根據不同時間長度（短期、長期）來做決策與行為選擇。

第八節　對抗厚黑，不靠計謀靠格局：人際覺醒的終點

厚黑者的時間視野往往偏短：今天這件事我要贏、這場會我要控制、這次合作我要得到主導權。他們重的是眼前的輸贏，不管後續的信任流失。

而具備格局的人，做的是「長期信任投資」：

- 這段合作能否創造雙贏？
- 這次選擇會不會影響未來的關係續航力？
- 我如何在保留自我的同時，也讓對方有空間？

這種人思考的從不是一場爭執怎麼贏，而是整場人際棋局怎麼走。

厚黑者創造權力，格局者創造信任

在社會心理學裡，影響力來源可分為兩種：

(1) 控制型影響（Control-based Influence）

藉由權力、地位、資源分配來壓迫他人行動。

(2) 價值型影響（Value-based Influence）

藉由信任、專業、人格整合而形成主動合作。

厚黑者習慣使用第一種影響力：設局、製造不安、讓人依賴。但當外在情勢一變，他的地位也跟著瓦解，因為沒有人真正信任他。

而格局者使用第二種力量：他不必強迫你，但你會願意跟隨；他不操作你，但你會想要靠近。他用人格累積信任，用穩定創造連結，這種人際資本反而比任何派系都長壽。

第八章　做自己也能有影響力：厚黑以外的選擇與實踐

格局的底層邏輯：三種關鍵心理素養

1. 反應不等於回應：情緒決策的延遲智慧

當你遭遇攻擊，不再立刻反擊，而是問自己：「這場衝突，值不值得我動用心理資源？」

→你用原則選擇回應方式，而非情緒決定回應強度。

2. 空間不等於退讓：容忍他人失控的心理視野

厚黑者最怕你冷靜，因為他們需要你進場博弈。

→ 你能夠「讓他吵，我不進去」，這是心理上的空間感，不是妥協，而是主導節奏。

3. 自我一致的穩定感：人前人後都一樣的人，最有說服力

不必偽裝、不需多說，別人看得出你是不是誠實的人。

→你越不需要證明，越有底氣；你越少用技巧，越難被取代。

從「應付厚黑」到「轉化生態」：你也能成為改變者

我們曾經花很多力氣學習厚黑防衛，保護自己不要被欺負。但當你開始懂得什麼是格局後，你會發現：你可以不只守住自己，還可以影響環境。

- 你是那個在會議中說出「我不同意，但我尊重你的看法」的人，讓其他人知道：「原來衝突也能有尊重」；
- 你是那個在混亂決策中提議「我們先把大家需求列出來」的人，讓對話回到理性；

第八節　對抗厚黑，不靠計謀靠格局：人際覺醒的終點

- 你是那個在八卦流言間選擇不傳話、不評論的人，讓謠言失去循環的燃料。

當你開始這樣做，你就不再只是厚黑遊戲中的參與者，而是系統的轉化者。你的格局，會影響整個場域的互動節奏。你不用打倒誰，只要站穩自己，這本身就是一種「策略性存在」。

你不需要玩那個遊戲，就已經贏了

厚黑術是計算的遊戲，而你不是玩家。你看懂規則，但選擇不入局；你能打，但選擇建；你可以用技巧，但你更想用人格。

最終，人際智慧不是學會更多詭計，而是越來越清楚自己要活出什麼樣的樣子，說什麼樣的話，留下什麼樣的關係痕跡。

你可以不黑不厚，但很有分量；

你可以說得不多，但每句都可信；

你可以不操弄誰，但每次出現，場面就穩了。

這不是技巧，是格局。

這不是策略，是你經過厚黑世界後，仍選擇清明的覺醒。

而這，也是你在複雜人際中，最終能走出的那條清醒之路。

第八章　做自己也能有影響力：厚黑以外的選擇與實踐

後記
這本書不是寫給厚黑者的，
而是寫給還想保留柔軟的人

寫這本書的過程，其實很像在翻一層層心防。

我們不是不懂厚黑，也不是沒見過手段與套路——而是太多人在懂得之後，便選擇加入它、使用它、成為它。

我不想譴責那些人，因為我知道，有時那是唯一被允許留下來的方式。

但我更在乎的是：那些不願意變成厚黑、卻也不知如何自保的人。那些還在掙扎「我這樣是不是太軟？」、「不黑的我是不是注定會輸？」的人。

他們其實不是不努力，而是太努力維持一個真實的自己。

而在厚黑語言當道、人際動機複雜的當代，這種努力，反而最容易被誤解、最容易受傷、最需要心理學的支持。

這本書寫給這樣的你。你或許沉默、或許疲憊，但你仍在尋找那種「真實而不委屈、堅定但不壓迫」的互動方式。你想理解別人，卻也不想再被傷害。你不靠操作生存，但你也想要影響。

我相信心理學不只是分析他人的工具，更是一種讓我們「在不背叛自我下活下去」的智慧與方法。

於是我把這本書分成八章，從心理機制、人格類型、語言策略、職場生態到心理界限、溝通技術與領導格局，嘗試不只讓你「看清厚黑」，更讓你知道「你有選擇」。

| 後記　這本書不是寫給厚黑者的，而是寫給還想保留柔軟的人

你可以選擇用語言不傷人，但仍能說真話；

你可以選擇保有同理，卻不再過度消耗自己；

你可以在眾聲喧嘩中，不讓情緒控制你，反而更穩定地掌握你想發出的聲音。

厚黑不是你唯一的生存工具，

格局、清明與誠實的你，也可以是一種力量。

謝謝你讀完這本書。

願你在人際世界裡，不再只能防禦，而是開始能選擇。

願你相信，不靠計謀，也能走得夠遠。

願你知道，願意保留善良的人，其實才最有影響力。

附錄一
厚黑行為檢核表：你遇到的，是厚黑嗎？

　　以下是根據本書內容彙整的八大厚黑行為類型與對應表現，請根據你最近在人際互動中遭遇或觀察到的情境，勾選符合項目，幫助你辨識是否落入厚黑結構。

厚黑類型	行為表現	你是否曾遇到？	對應心理策略
① 語言操弄型	話中帶刺，講話拐彎抹角，常說「我不是針對你」但後面內容全是針對你	☐ 有　☐ 無	認知拆解、語句重述、非暴力溝通
② 情緒綁架型	常說「如果你真的在乎我，就會……」，製造內疚與壓力	☐ 有　☐ 無	情緒承接、重述需求、不接受隱性勒索
③ 推功攬過型	事情成功歸功於自己，出錯則迅速卸責給他人	☐ 有　☐ 無	記錄事實、私下澄清、建立文件證據
④ 團體排擠型	拉攏小圈子排擠特定對象，製造「你不屬於這裡」的感受	☐ 有　☐ 無	保持中立不孤立、建立個人價值能見度
⑤ 模糊責任型	指令不清楚，事後卻怪你沒做好，常說「你應該知道我的意思」	☐ 有　☐ 無	重複確認任務範圍、書面溝通習慣化

附錄一　厚黑行為檢核表：你遇到的，是厚黑嗎？

厚黑類型	行為表現	你是否曾遇到？	對應心理策略
⑥ 操弄同情型	用「我很可憐」引發支持，但實則轉移焦點與責任	□ 有　□ 無	區分情緒與責任、同理但不代替承擔
⑦ 權力壓迫型	藉職位或年資要求絕對服從，拒絕質疑	□ 有　□ 無	調整溝通框架、爭取旁人見證、強調團隊標準
⑧ 情境模糊型	讓人搞不清他立場或底線，等你選錯邊再來指責你「沒眼力」	□ 有　□ 無	延遲決策、請求明示、保留態度與文件

判讀建議：

若你勾選 3 項以上，表示你極可能正處於厚黑互動場域，建議回頭閱讀本書第三至五章的應對策略。

若你勾選 5 項以上，說明你可能正受「長期心理消耗」影響，請特別留意情緒疲勞與自我價值感流失，建議參考第五與第七章重建心理免疫力。

若你發現自己也有類似行為傾向，不要自責，這是認知轉化的開始，請參考第六與第八章，學習如何用高 EQ 重建影響力而非依賴操弄。

附錄二
厚黑語句解析表：拆解操弄話術的心理結構

你聽見的，不一定是他真正想說的；你說出口的，也可能被對方「操作成武器」。

本表整理出八類常見的厚黑話語範型，搭配其心理目的與建議回應語句，幫助你在日常人際互動中迅速辨識、保持距離、調整節奏。

話語範型	常見語句	心理目的	建議回應方式
① 情緒綁架型	「我這麼說是為你好。」	偽裝關心，轉移控制權	「謝謝你的關心，我會自己做決定。」
② 操弄同儕型	「大家都這樣做，就你不同。」	利用從眾壓力逼你順從	「我尊重大家的選擇，但我還是有不同看法。」
③ 推卸責任型	「我以為你應該知道的。」	模糊責任歸屬	「讓我們確認一下任務分配，下次避免誤會。」
④ 建立虛假移情型	「你應該也不想事情變複雜吧？」	預設對方立場，營造道德壓力	「我覺得複雜與否，還是取決於處理方式。」
⑤ 善意假面型	「我不是批評你，但……」	暗藏批判、製造優越感	「若是建議的話，我會願意聽，但請具體一點。」
⑥ 情緒壓力型	「你這樣讓我很失望。」	利用情緒讓對方內疚	「我理解你感受不同，但我也有我的理由。」
⑦ 否定感受型	「你是不是想太多了？」	否定對方情緒，轉移焦點	「這是我真實的感受，不是想太多。」

附錄二　厚黑語句解析表：拆解操弄話術的心理結構

話語範型	常見語句	心理目的	建議回應方式
⑧ 假民主型	「你可以提意見，但最後還是要照原來的做。」	表面開放、實質封閉	「既然無法調整，那請直接說清楚是決定，不是討論。」

使用建議：

(1) 每當你感覺「哪裡怪怪的，但又說不出來」時，回到本表對照語句；

(2) 當你想開口反應、又怕對方翻臉或升高情緒時，先選擇「低衝突的重述型語句」回應；

(3) 若這些語句經常性、模式性出現在同一人身上，可參考本書第二章與第三章，進一步辨識對方是否為厚黑慣用者。

附錄三
厚黑情境反應手冊：
八大常見場景 × 對應語言與心理戰術

厚黑情境	典型語句	心理反應（你可能會）	建議回應語句	心理防禦要點
主管公開羞辱	「這種水準你也交得出來？」	心跳加快、臉紅、羞愧	「我會補強這部分，但希望能針對內容提出具體建議。」	切斷人格貶抑、聚焦事實，避免內化批評
同事假幫忙真挖坑	「我先幫你講好話，但你要自己說服他們。」	感激與不安交錯，怕被出賣	「感謝你提醒，我會自己釐清立場，也請你保持中立。」	不讓對方定義「誰是幫誰」，回收主導權
親密伴侶情緒勒索	「如果你真的在乎我，你就不會讓我這麼難過。」	罪惡感爆發，想立刻安撫	「我知道你受傷，但我們的在乎不能建立在讓步上。」	拆解條件式情感交換，保留自我空間
同儕關係暗排擠	「沒事啦，大家只是剛好沒找你而已。」	懷疑自己、覺得被孤立	「如果有需要我參與，歡迎說明；我不想被模糊對待。」	點出模糊態度，要求明確互動定義

附錄三　厚黑情境反應手冊：八大常見場景 × 對應語言與心理戰術

厚黑情境	典型語句	心理反應（你可能會）	建議回應語句	心理防禦要點
家人道德勒索	「我都是為了你好，你怎麼可以拒絕？」	感到內疚，難以說「不」	「我知道你關心我，但這決定需要我自己承擔。」	區分情感動機與決策主權
開會被冷嘲熱諷	「你講得這麼細，是怕大家聽不懂嗎？」	想解釋但又怕被說玻璃心	「我提供的是補充資訊，不介意不同說法，但希望彼此尊重發言。」	擷取語言主導權，穩住發聲位置
私下傳話引戰	「某某其實私下對你有意見啦，但我不想多說。」	好奇、焦慮、想求證	「如果他有想法，我願意直接聊；不希望話轉來轉去。」	禁止「代言式操弄」，回到一對一直接互動
組織內部晉升鬥爭	「你這麼老實，小心被吃死死的喔。」	猶疑、懷疑自己方式過於清高	「我相信風格各有利弊，我選擇專注自己能控制的部分。」	宣示主體性，拒絕被話術操縱行為路線

使用建議：

(1) 本手冊適合在遭遇語言攻擊、心理壓迫、情緒操弄當下，迅速翻查對應情境；

(2) 建議使用「語言回應＋心理備援」雙軌模式處理，即使語言沒能制勝，也能心理上不退場；

(3) 搭配前兩份附錄（語句解析表＋行為檢核表）使用，更能掌握厚黑互動的全面圖像。

假善良真心機！厚黑學下的情緒操控與心理陷阱：
在人際迷霧中活得通透而不失本心

作　　　者：李宗吾		國家圖書館出版品預行編目資料
改　　　編：卓宥誠		
發　行　人：黃振庭		假善良真心機！厚黑學下的情緒操控與心理陷阱：在人際迷霧中活得通透而不失本心 / 李宗吾 著，卓宥誠 改編 . -- 第一版 . -- 臺北市：樂律文化事業有限公司 , 2025.07
出　版　者：樂律文化事業有限公司		
發　行　者：崧博出版事業有限公司		
E - m a i l：sonbookservice@gmail.com		
粉　絲　頁：https://www.facebook.com/sonbookss		面；　公分
		POD 版
網　　　址：https://sonbook.net/		ISBN 978-626-7699-45-4(平裝)
地　　　址：台北市中正區重慶南路一段61 號 8 樓		1.CST: 倫理學 2.CST: 心理學 3.CST: 通俗作品
8F., No.61, Sec. 1, Chongqing S. Rd., Zhongzheng Dist., Taipei City 100, Taiwan		190　　　　　114008391
電　　　話：(02)2370-3310		
傳　　　真：(02)2388-1990		
律師顧問：廣華律師事務所 張珮琦律師		

-版權聲明-
本書作者使用 AI 協作，若有其他相關權利及授權需求請與本公司聯繫。
未經書面許可，不得複製、發行。

定　　　價：480 元
發行日期：2025 年 07 月第一版
◎本書以 POD 印製

電子書購買

爽讀 APP　　　臉書